彩色图文版

崛起与毁灭
第三帝国兴亡画册

杜文青 ◎ 编著

国际文化出版公司
·北京·

图书在版编目（CIP）数据

崛起与毁灭：第三帝国兴亡画册 / 杜文青编著. —北京：国际文化出版公司，2021.1

ISBN 978-7-5125-1216-0

Ⅰ.①崛… Ⅱ.①杜… Ⅲ.①德意志第三帝国－史料－图集 Ⅳ.① K516.44-64

中国版本图书馆 CIP 数据核字（2020）第 132157 号

崛起与毁灭——第三帝国兴亡画册

编　　著	杜文青
责任编辑	潘建农
封面设计	鸿儒文轩
出版发行	国际文化出版公司
经　　销	全国新华书店
印　　刷	三河市华东印刷有限公司
开　　本	710 毫米 ×1000 毫米　16 开 20.75 印张　　　　　304 千字
版　　次	2021 年 1 月第 1 版 2021 年 1 月第 1 次印刷
书　　号	ISBN 978-7-5125-1216-0
定　　价	78.00 元

国际文化出版公司
北京朝阳区东土城路乙 9 号　　邮编：100013
总编室：(010) 64271551　　传真：(010) 64271578
销售热线：(010) 64271187
传真：(010) 64271187-800
E-mail: icpc@95777.sina.net

导言
动荡不安的年代　混乱不堪的世纪

1933年1月底，德国首都柏林笼罩在几近病态的紧张气氛中。灰褐的云雾缭绕于参差不齐的屋宇间，寒风像刀一样呼啸着穿过大街上光秃的枝丫。几乎人人都知道，天生不足的魏玛共和国已是风雨飘摇，即将寿终正寝。首都谣言纷起，有的说陆军要举行政变，建立军人独裁政权；有的说纳粹党人要起事夺取政权，冲锋队已经占领了总统府所在地威廉街；还有人说工人要举行总罢工……

1月30日，临近中午时分，一辆黑色的轿车从恺撒霍夫饭店疾驰而去，驶向总理府。阿道夫·希特勒要去那里晋见魏玛共和国总统兴登堡——这是一次对希特勒、对纳粹党、对德国乃至整个世界都生死攸关的晋见！

纳粹党元老戈培尔、戈林、罗姆等人齐聚在恺撒霍夫饭店窗口前，焦急地朝总理府方向看着。不久，他们看到了令德国和世界都为之震颤的奇迹：他们的领袖——那个年方43岁，留着查理·卓别林式小胡子的人，那个年轻时候在维也纳一事无成露宿街头的流浪汉，那个在战后黯淡岁月里慕尼黑街边无人闻问的倒霉蛋，那个发动类似滑稽戏剧般的啤酒馆政变的头目，那个根本不是德国人而是奥地利人的煽动家阴谋家——在这短暂的一刻，已一跃成为了德意志国家的政府首脑！

那天晚上，从黄昏一直到午夜，疯狂的纳粹冲锋队在柏林举行了盛大的火炬游行。他们排成方队，在震天的军乐伴奏下，高唱着《霍尔斯特·威塞尔之歌》及其他一些德国古老的歌曲，从动物园出发，经过勃兰登堡凯旋门到威廉街。他们的长筒皮靴踩着咔嚓咔嚓的有力节奏，火炬汇成一片火海，在旁观者热烈的呼声中将柏林渲染成一个充满激情的海洋。86岁的总统兴登堡站在总统府的窗台前，看着大街上充斥的喧闹，手里的手杖随着军乐的节律敲击着地板。这位年迈昏聩的老人，此时根本没有想到，他在今天打开了潘多拉盒子，放出了一个多么可怕、多么凶神恶煞的魔鬼！

这个魔鬼会在刹那间，发出几乎令世界毁灭的能量：他摧毁了凡尔赛—华盛顿体系为基础的世界架构；他长袖善舞，吞食奥地利、捷克、波兰如囊中探物；他西击号称陆军第一强国法国，并在六周内将之踏为齑粉，西欧大地迅速沦陷；老牌日不落帝国沦为孤岛，在成千上万战机轰炸下支离破碎；他东进苏联让这个红色的苏维埃国家如洪水溃堤一败千里……最后，他又把德国拖入毁灭的深渊！

此时此刻的希特勒，站在离兴登堡一箭之遥的总理府阳台上，手舞足蹈，乐极忘形，不断地举起手臂向街道上的人群行纳粹礼。他眼里含满了泪水，时而狂笑，时而微笑。他狂妄地宣称，1933年1月30日诞生的第三帝国，将历千年而不衰。纳粹党徒则称之为"千秋帝国"！

是的，在他统治的十二年零四个月里，希特勒把德国人民送上了"辉煌"的顶峰，那是他们一千多年来从未达到过的——德意志成了从大西洋到伏尔加河、从北冰洋到地中海的欧洲的新主人。他们的国家无情地征服了许多独立而自由的民族，并对被征服者进行残酷无情的统治，肆意地屠杀生命和摧残心灵，其野蛮程度在人类文明史上前所未有！然而，这个创建第三帝国并用异乎寻常的精明狡诈手段统治帝国的人，在短暂的辉煌之后，又将德国人民推入可怕的万劫不复的黑色深渊，几乎毁灭了他们赖以生存的一切基础！

能在如此短暂时间让德国人民从死到生又从生到死、把世界掀个地覆天翻的人，肯定是个天才，只不过这是一个邪恶的天才。他有着恶魔般的性格、钢铁般的意志、不可思议的本能、无情的冷酷、超常的意识、驰骋的奇想和惊人的判断力。他把德意志这个古老而历经磨难的民族——神秘的天意和充满苦难的历史,将他们陶冶成勇武好斗、严谨刻板、求生意志强烈的民族——作为实现自己恶魔般意志和邪恶目标的天然工具。在此后暴风雨般的十二年里,这个民族中的大多数人,将盲目地追随着他,发动了一场给世界和自己都带来了空前灾难的战争。

从1871年奥托·冯·俾斯麦建立德意志帝国开始,凡是走过之后七十多年路程的德国人都经历了一个感情跌宕起伏的过程,从绝望的深渊到兴奋的巅峰,从兴奋的巅峰再度回到绝望的深渊。德国人本应该从第一次世界大战带来的灾难中汲取教训,但大多数的德国人深感天下不公,因而愤愤不平,心存积怨。在他们看来,《凡尔赛和约》条规苛刻,赔偿条款有失公道。正是这种对"公道"二字的理解以及其他原因使世界在二十年后陷入了恐怖的腥风血雨的灾难之中。这场灾难的影响范围和恐怖程度都远远超出"旨在结束一切战争的战争"——第一次世界大战。

在近二十年动荡不安的年代里,德国人生活在一个政党的阴影之下,为其荒诞怪异的思想和包藏祸心的幻想所左右。这个政党推出一个人并将其敬奉为神——他就是阿道夫·希特勒,他们的元首,被他们奉为救世主的领袖。曾做过希特勒副手的鲁道夫·赫斯说:"阿道夫·希特勒就是德国,德国也就是阿道夫·希特勒。"显然,赫斯的话至少反映了那个时候成千上万德国人的心理。德国人当时迫切需要一个强有力的领袖,一个能够帮他们摆脱战败国形象,其政府能够扭转经济大萧条形势的领袖,一个能够重振国威的领袖。希特勒信心十足地告诉人们他就是堪担此重任的人。

1967年,希特勒青年团的前领导人、希特勒圈内人士巴尔杜·冯·席腊赫解释了希特勒能够控制德国人的原因。当时他用一种与20世纪30年代赞颂希特勒完全不同的口吻来描述他那早已死去的元首:"德国的灾难并不仅仅是因为希特勒造就了我们,而是因为我们造就了希特勒。希特勒不是像今天许多人认为的那样来自外面的世界,他不是一个凭着自己的力量夺取政权的魔鬼野兽。他是德国人翘首以待的那个人,是那个让我们自己无节制地吹捧美化推到台前来主宰我们命运的人,因为希特勒式的人物只能在一个渴望并欢迎希特勒这种人物的群体中产生。让有'特殊才能'的人享此殊荣,让这类人觉得他们自己就是立于不败之地的超人,这就是我们德国人犯下的一个集体错误。"

目录

第一章 邪魔降世 纳粹掌权

第一节 战前的柏林 / 008

第二节 宣传、艺术和建筑 / 018

第三节 为战争所做的准备 / 033

第四节 对希特勒的崇拜 / 049

第二章 闪击西欧 强击苏联

第一节 西线：赢得胜利的日子 / 062

第二节 巴巴罗萨进攻 / 116

第三节 大西洋战争 / 129

第四节 闪电战 / 134

第三章　攻守易势　江河日下

第一节　神奇的武器 / 149
第二节　大西洋壁垒 / 184
第三节　第三帝国的精英 / 189

第四章　战争后方　罪恶昭彰

第一节　人员伤亡 / 200
第二节　种族灭绝 / 229
第三节　急需劳动力 / 232

第五章　行将就木　帝国坍塌

第一节　开辟第二战场 / 243
第二节　最后解决办法 / 262
第三节　纽伦堡审判 / 272

附录

德国伤亡人数和相关的统计数字 / 282
欧洲战场图片集锦 / 283
第三帝国大事年表 / 317

第一章

邪魔降世　纳粹掌权

1914年的德国（由38个邦组成）是一个年轻的国家。也许各邦本身的历史悠久，但德意志帝国建立于1871年，其缔造者是奥托·冯·俾斯麦。德国国民急需亲眼看见德国实实在在的成功以增强其尊严，提高其在世界政坛上应有的声望。第一次世界大战爆发伊始，德国与西方联盟的态度截然相反，德国国民张开双臂拥抱战争。对祖国的信念、为祖国而战的爱国精神、初战告捷的喜讯，这一切使德国军队产生了不可动摇的自信，军人们为祖国和人民感到无比的骄傲，他们根本想不到失败的可能性。

　　1918年德军战败，下级军官和士兵普遍感到受了欺骗，而且战后这种情绪同样笼罩着德国政界。1918年春，在美国军队尚未参战之前，德军轻而易举地取得的胜利、协约国向前推进的速度以及后来签订的保持德国边界领土完整的休战协议都让德军士兵困惑不已。战后德意志联邦政府察觉到国内的不满情绪，感到压力重重。当时许多人对魏玛共和国①接受《凡尔赛和约》的做法深感不满，尤其不满政府接受了判定德国及其协约国犯下发动侵略战争的"战争罪"这一条款。

　　然而20世纪20年代后期，魏玛共和国似乎经受住了暴风骤雨的考验，尽管国内依然还存在着不满情绪，还存在着种种问题：沉重的战后赔款负担、左翼和右翼好战分子之间持续不断的争斗、1923年的货币贬值以及由货币贬值而导致的法国和比利时侵占鲁尔河事件（法、比两国军队于1925年撤出鲁尔河）。

---

① 魏玛共和国：指1918年至1933年期间采用共和宪政体的德国。

然而，德国的工业终于开始了发展，实力不断增强；货币贬值和严重的通货膨胀问题都得到了控制；1924年的道威斯计划卸去了赔款负担。1929年由杨格主持的委员会对赔款支付问题再次进行协商修订，由此产生杨格计划。德国国会接受了这项修订计划，公民投票也通过杨格计划。

杨格计划的实施和德国经济的改善取决于国际局势的持续稳定，然而1929年华尔街股市的大崩盘使杨格计划付诸东流，德国经济陷入困境。美国股市的损失影响到整个欧洲的经济发展。由于20世纪20年代的货币贬值已削弱了这个国家的经济，国内中产阶级遭受重创，所以德国受到的影响最为严重。德国工业产品产量大幅下降，1929年至1932年之间产量下降了40%～50%。产量的下降导致大批产业工人失去工作：1930年失业人数达300万之多，到1932年这个数字翻了一番。

纳粹党在动荡不安的国内形势下发展壮大起来。1928年的国会选举，纳粹仅仅获得了12个席位。1930年纳粹所得票数排在第六位，获得了107个席位。1932年希特勒竞选失败，保尔·冯·兴登堡当选总统，但是希特勒获得了将近1350万张选票。希特勒后来说："他人所造成的灾难成就了我们（纳粹党）。"1923年的货币危机期间羽毛开始丰满的纳粹党在慕尼黑发动了颠覆政府的暴动，然而当时政府力量强大，轻而易举地就平息了叛乱。暴动头目希特勒被判五年牢狱，囚禁于兰茨贝格监狱（在这所监狱里由他口述，同室囚犯鲁道夫·赫斯记录，写下了《我的奋斗》的第一稿）。十年之后，这个被囚禁的叛乱头目当上了德国政府总理，而在此之前和他一起坐牢的一批人已接管了收容所。

■ 第三帝国的产生

由华尔街股市的崩盘引发的世界经济危机给20世纪20年代后期德国业已开始的经济复苏带来了毁灭性的打击。对这个在几年前货币危机中损失惨重的国家来说，这次打击无异于压垮骆驼的最后一根稻草。公共秩序混乱增加了治理国家的困难。1933年1月纳粹党和巴本的天主教中央党走到一起，成立了联合政府。相信自己能够控制那个以救世主自居的希特勒，巴本同意了由他来领导这个联合政府，这样他就可以利用希特勒的口才来操纵大众。86岁的高龄总统兴登堡经说服同意任命希特勒为政府总理，尽管他本人主观上并不喜欢这个被他称作"奥地利下士"的人。第三帝国就这样产生了——第一帝国是始于公元962年的神圣罗马帝国；第二帝国是由奥托·冯·俾斯麦缔造并结束于1918年的德意志帝国。

当上了政府总理后，希特勒"联盟"立刻通过宪法，禁止反对派的政治集会，禁止他们公开发表文章，解散国会，迫害共产党。1933年2月27日希特勒上台一个月后，国会大厦被大火夷为平地。纳粹一手操纵了这次纵火案，却又嫁祸于共产党。国会纵火案给希特勒以可乘之机。他借新国会通过的《授予全权法》来终止公民的自由，从此德国民众噤声长达十二年之久。《授予全权法》美其名曰《消除民族和国家危机法》。这个法令剥夺了国会的立法权、财政控制权、宪法修正权以及与其他国家的签约权。从此希特勒开始了他的独裁统治，德国实质上成了一个独裁国家。

凡是跟希特勒作对的人都被抓起来关进集中营。在这些人中有许多人甚至是希特勒的"自己人"，如冲锋队以及1934年6月30日"长刀之夜"之后被希特勒认为是敌人的纳粹党徒。最初的三个集中营建于纳粹政权初期，它们分别位于慕尼黑附近的达豪、魏玛附近的布痕瓦尔德和柏林附近的萨克森豪森。纳粹在其政权末期又建了许多集中营，用以关押大量反对纳粹政权的人士。集中营里最初的关押对象是共产党人和犹太人，而后纳粹扩大了迫害对象，又关押了知识分子、宗教领袖、商贸工会人员、社会主义者、民主人士、和平主义者、同性恋者和吉卜赛人等。战争初始期间，集中营里关押了5万人，后来又增加了20万人。战争爆发后纳粹又建了八个特殊的死亡营，在这里处死了大量的"敌人"，尤其是犹太人在此惨遭种族大屠杀，这种灭绝种族的大屠杀至今仍让人闻之毛骨悚然，不寒而栗。

■ **巩固政权**

纳粹党上台时，国内强烈要求执政党理顺德国经济，解决失业问题。在

1933年5月1日的演讲中，希特勒承诺给劳动大众带来平静的生活。接下来纳粹取缔了所有的工会，褐衫冲锋队占领了工会的房屋、办公室，没收了工会的财产。此后，全国只剩下一个劳工组织，那就是德国劳工阵线，该组织的所有成员都是纳粹党人。1935年6月26日，德国劳工阵线的上层机构，帝国劳动军团成立。该组织要求所有19～25岁之间的德国人，凡是有工作能力的都要为国家服务。这样一来全国两千多万劳动力都在纳粹的控制之下，即掌握在纳粹首领的手中。1937年德国建立了赫尔曼·戈林钢铁厂——当时欧洲最大的一家钢铁企业。

由于建立了劳工阵线和帝国劳动军团，纳粹德国的失业率大大下降。有的失业人员参军服役，有的则加入了帝国劳动军团。1936年希特勒吹嘘说纳粹政权把600万失业人口降到了100万。公共事业方案的实施建造了战后德国仍在使用的相当一部分基础设施，但是在20世纪30年代，这些工程都是新兴项目。其典型例子之一就是高速公路。纳粹并不是高速公路的首创者（第一条高速公路建于20世纪20年代），但是在弗里茨·托德的指挥下，托德工程军团的3万工人（到30年代末期工人人数上升到7万）已完成了希特勒希望建成的约4000千米高速公路。高速公路的用途：一是为了便于和平时期人们能够提速驾驶，二是为了便于提高西部和东部战线的军事运输速度。希特勒事先就想好了要在将来的战争中开辟东西两个战场。

当时，纳粹想要做的秘而不宣的事情就是要控制国家的意识形态，全民备战，修建军队所需要的基础设施，生产军火，把宣传、组织和教育作为改变意识形态的重要手段。宣传部部长约瑟夫·戈培尔负责宣传工作；盖世太保负责组织保卫政权的工作。教育工作也得到了逐项的落实检查，因为按希特勒的说法，"谁拥有了青年谁就拥有未来"。在科学教育文化部部长的操纵下，纳粹清除了教师队伍中的犹太人，把教师组编成国家社会主义教师联盟，让他们教纳粹设置的课程。这样教育就沦为为纳粹服务的宣传工具。

此外，1933年纳粹建立了两个青年组织：希特勒青年团和德国少女联盟。当时国内所有的青年俱乐部都被纳入这两个组织，每个青年都必须参加组织。

1930 年希特勒青年团约 10 万人，到 1938 年该组织的人数已超过 700 万人。青年人加入了这两个组织后都必须在帝国劳动军团里工作，继而服兵役。

1934 年 8 月 2 日兴登堡去世，此时的希特勒已大权在握，他不想接替兴登堡的位置。他决定既当元首又当总理，并接过了兴登堡手中的一切权力，其中包括军队的最高统帅权。约 3800 万德国人——占选民 90% 的人——在公民投票时都拥护希特勒的举措。从兴登堡去世之日起，希特勒就下令全军宣誓效忠自己。四年之后，他又揽过了国防部部长和国防军总司令的职务，因为当时国防部部长布隆博格被解除了职务，国防军总司令弗里契受到了子虚乌有的指控后也被迫辞职。

德国士兵的誓言

"对着上帝起誓，我愿意无条件地服从第三帝国和人民的元首，阿道夫·希特勒。作为勇士，我愿意随时为这一誓言而献身。"

■ 军事扩张

随着纳粹地位的巩固，希特勒开始实施他在《我的奋斗》中提出的计划——恢复德国在世界上的地位。希特勒背信毁约，先是暗地里背弃《凡尔赛和约》，而后公然废止"和约"里的限制性规定，开始恢复军事力量。1935 年 3 月，希特勒向全世界宣布他将建立一支 50 万人的和平时期军队，这一讲话充分说明德国一直在秘密地进行军备活动。现在他叫嚣要重建空军，重建后来在战争时期成为帝国海军的第三帝国海军。此外，陆军得到大规模的扩充，到战争开始的时候，德国陆军的人数已超过 270 万。

希特勒曾说过要建立一个"更伟大的德国"。1935 年纳粹德国开始将这一计划付诸实施。萨尔地区是第一块被德国收回的领土。萨尔位于莱茵河东部，面积 2600 平方千米，煤、铁资源丰富。该地区 1919 年被列入国际联盟管辖范围，法国可以在这个地区开发资源。1935 年 1 月的公民投票显示所有人都赞成收回萨尔地区。紧接着在1936年3月，德国就开进了莱茵兰。莱茵兰是以前德国的疆土——莱茵河西岸和包括科隆在内的东岸48千米的长条地带。纳粹德国这次小规模的军事行动获得成功后，法国、英国及其协约国并没有做出应有的反应，只是提出了抗议而已。翌年，在国会大厦的一次演讲中，希特勒宣布废止《凡尔赛和约》，德国退出国际联盟。

由于宣布废止《凡尔赛和约》，德国退出国际联盟的决定没有遭到多少人反对，希特勒变得更加胆大妄为，接着就开始煽动并提议德奥合并，而这种做法却是在《凡尔赛和约》的禁规之列。几乎同时，他又宣布德国人可以自愿住在捷克斯洛伐克的最北部的省份苏台德区，鼓动当地的德国少数民族拥护这一决定。然而，捷克拥有相当强大的军事力量，不怕希特勒的挑衅。捷克总统贝奈斯发布了全国总动员令，希特勒只得做出让步，转而将目标对准奥地利。1938年3月13日德国军队越过边境，14日希特勒乘车穿过维也纳的街道时受到了人们的热烈欢迎。希特勒依然不肯放弃苏台德区，继续提出德国人进入苏台德区的要求。由于害怕战争，英国首相内维尔·张伯伦飞往慕尼黑跟希特勒面谈，让他承诺占领捷克是他最后一个对生存空间的要求。张伯伦相信了希特勒的承诺，接着说服法国以牺牲捷克领土为代价接受"慕尼黑协议"。

■ "放出了战争恶狗"

侵占捷克绝非最后一个对生存空间的要求。德军于1939年3月越过捷克边境占领了波希米亚和摩拉维亚，这些地区也就成了德国的保护领地。接着德军兼并梅梅尔，随即要求波兰归还但泽并解决波兰走廊问题。同年8月23日，苏德签订了互不侵犯条约，这是一个最出乎人们意料的条约。除了签约者谁都不知道双方秘密达成的协议，即一旦宣战，苏德双方共同瓜分波兰。

整个世界一步步地走向战争，轻信希特勒的德国人都紧拽拴狗皮带，迫不及待地要去完成自己的使命，丝毫没有意识到领路人正在把他们这群心甘情愿的追随者一步步带入痛苦罪恶的深渊。

第一节 战前的柏林

剧院、俱乐部、歌舞厅和其他娱乐场所通宵达旦地营业，使柏林的夜生活充满刺激，这里的夜生活在两次世界大战期间远近闻名。

第一章 \ 邪魔降世 纳粹掌权 \ 009

柏林城内书摊上的报纸和杂志品种齐全、琳琅满目。但从1933年上半年开始，纳粹分子逐步垄断了整个德国的出版业。当时，唯一幸存的由犹太人经营的报社——《柏林日报》——也只坚持经营到1937年。

柏林的深秋风和日丽，气候宜人，人们成群结队地来到公园和一些露天公共场所享受秋日的美景。

第一章 \ 邪魔降世 纳粹掌权 \ 011

1938年在奥地利格拉茨的希特勒青年团。这一组织成立于1933年，由参加纳粹青年运动的男子组成，领导人是德国青年团头目巴尔杜·冯·席腊赫。五年内，该组织的人数已逾700万。

教室里的希特勒相片。希特勒说过"谁拥有了青年就拥有了未来"。他蔑视教授和学术权威,希特勒的两大教育目标是:加强人们的种族意识和让青年人为战争做好准备。

第一章 \ 邪魔降世 纳粹掌权 \ 013

希特勒青年团的小分队在柏林城内游行，走在队伍最前面的是德国少年队的鼓手们。每年的3月15日，年满10岁的德国少年都必须到帝国少年队总部注册入队。男子要在这个组织里待到14岁，然后才能加入德国青年团；女子需待到18岁，才能加入帝国女子青年团。

德国人一向爱好体育运动，希特勒认为这是一个健康民族必不可少的（尽管他本人并不参加任何形式的体育活动）。体育教师成为当时学校教职工中最重要的成员。

这个标准的德国家庭由爸爸、妈妈和两个孩子组成，他们穿着讲究，但并不华丽。

"德国母亲十字荣誉勋章"奖励给多生育的妇女。获奖者由德国医学会会长格拉德·瓦格纳提名,后经希特勒认可。生育奖励共分三个等级:铜牌授予生育4个孩子的母亲,银牌授予生育6个孩子的母亲,金牌授予生育8个孩子的母亲。

莱妮·里芬斯塔尔是德国著名女演员、制片人和导演,希特勒委派她为纳粹党拍摄宣传影片。她的经典之作是一部以1936年柏林奥林匹克运动会为主题的纪录片。希特勒称此片为对"纳粹党壮美的无与伦比的赞颂"。

第二节　宣传、艺术和建筑

1939年，纳粹党宣传部部长戈培尔在柏林的夏洛腾堡宫大剧院向德国艺术家们发表演说。希特勒上台后，立即成立了帝国文化协会，下辖美术、音乐、戏剧、文学、新闻、广播和电影协会。

1936年第十一届奥林匹克运动会在柏林举行。纳粹党耗资几百万马克建起了九个竞技场,其中包括一个宏伟的体育馆。运动会上,美国黑人运动员杰西·欧文思共夺得三枚金牌,他的出色表现给人留下了深刻的印象。

1939年5月1日，希特勒在柏林的奥林匹克运动场上讲话。

"罗伯特·雷伊"号是一艘"快乐产生力量"运动中制造的轮船,主要用于工人们海上出游。船上有剧院、游泳池和专门用于运动的甲板。其载客量达1500人。乘坐这样的游船一天的费用只有5~7马克。

1938年10月16日，在慕尼黑举行的国家狩猎博物馆题词仪式。第三帝国的许多主要官员都对狩猎很感兴趣，其中最有名的是赫尔曼·戈林，即使不在野外，他也经常神气十足地佩带着狩猎工具。

第一章 \ 邪魔降世 纳粹掌权 \ 023

这是1939年在宁芬堡公园演出的一台文艺节目。这座由美丽"女神"搭建而成的雅致宝塔是在这里上演的众多精彩节目中的一幕，它不禁使人联想起巴斯比博克利导演的一部电影里的场景。宁芬堡位于慕尼黑的城外，曾是原巴伐利亚统治家族——维特斯巴赫家族——的夏季别墅。

1939年，雕塑家阿诺·布瑞克在柏林的工作室里进行雕塑创作。布瑞克在国际上享有盛名。在文化氛围较为宽松的魏玛共和国时期，他的作品精美、手法细腻，但在第三帝国统治时期，他却成了纳粹党的"御用雕塑师"，其作品质量也大不如前。

1938年，刚刚竣工的希特勒在慕尼黑的官邸。这是一座宏伟的石头建筑，高20米，宽33米，宽敞的大厅内两个很壮观的螺旋式石梯一直通向巨大的会议室。

1939年，位于柏林的帝国总理府。这座长矮式建筑由德国建筑师阿尔伯特·施佩尔设计，在一年内完成全部建筑工程。它位于柏林主要街道之一的福斯大街上。施佩尔将这种纳粹式建筑风格引入了德国首都，这座建筑也逐渐成为纳粹权力中心的象征。总理府内长达148米的壮观柱廊直接通到希特勒的办公室。

1938年9月6日，纳粹党在纽伦堡召开了纳粹党代表大会。开幕式上，仰慕希特勒的人们向他行纳粹礼，以示敬意。检阅完近卫队后，希特勒在教堂钟声和一片欢呼声中乘车穿过这座到处挂满纳粹旗帜的城市。

希特勒在一次纳粹党集会上的情景。希特勒执政初期，从人们的表情中清晰可见他们对他的恭维和崇敬。战争爆发前，人们认为希特勒所做的事无可厚非，他似乎要带领德国走向繁荣富强并为世人瞩目。

"水晶之夜"（亦称"砸玻璃之夜"）。1938年11月9日晚，纳粹狂热分子对犹太人商店进行了恐怖袭击。一些纳粹团伙抢劫并捣毁了7500家犹太人经营的商店。事后纳粹党诡称这是人们对于德国驻巴黎大使馆第三任秘书恩斯特·冯·拉特被一名波兰籍犹太人谋杀这一事件做出的回应。

第一章 \ 邪魔降世 纳粹掌权 \ 029

1938年11月9日晚,纳粹党下令摧毁德国和奥地利境内的所有犹太教会堂。一百多座犹太教会起火,倒塌的教堂数超过了75座。很明显,这是纳粹党策划的一次打击犹太人宗教信仰的行动。

1939年2月17日，希特勒出席了在柏林举行的国际汽车博览会。他对汽车很感兴趣，并确信大众"甲壳虫"汽车对人们具有极大的吸引力。希特勒鼓励人们存钱购买"大众汽车"，积极参与"KDF储蓄金计划"。虽然资金很快就用于战争，但汽车制造业的生产能力得到了提高。

1939年6月1日，希特勒在帝国总理府对杰出的工业生产厂家进行表彰，举行旗帜授予仪式。长期以来，希特勒一直同许多工业巨头保持着密切关系，像克虏伯那样的大军火制造商看清当时的发展形势，不失时机地投入资金，成为纳粹党的坚强后盾。

1938年6月25日，希特勒为在不伦瑞克的法勒斯雷本地区新建的大众汽车厂埋下基石。大众"甲壳虫"汽车最初是由弗迪南德·波尔博士设计的，共有30多种车样模型。从1939年开始，这个工厂转入军事生产当时，大众汽车厂主要生产一种敞篷式军用车和一种水陆两用军用车。

图为高速公路上的一个加油站。希特勒称国家高速公路是"和平的序曲",但实际上是为了方便军队的快速行进和战时物资的运输。他命令弗里茨·托德博士尽快修建更多高速公路。到1938年为止,德国共修建了长达2940千米的四行道高速公路。

1938年11月9日,在慕尼黑举行的一次游行。这次游行旨在纪念1923年11月8日到9日发生的"啤酒馆政变"。

第三节　为战争所做的准备

1938年11月9日，一年一度的新党卫队队员午夜宣誓仪式在慕尼黑统帅堂举行。此类仪式是在希特勒统治下德国社会重新军事化的一部分。

德国秃鹰军团士兵抬着纪念牌匾，上面刻有在西班牙内战中死者的名字。德国国防军打着"志愿人员"的旗号，出兵支持西班牙佛朗哥叛乱。

1939年6月4日是德国的退伍军人日。这种夜间"战争游戏"是一种娱乐活动而不是正规的军事训练。透过右边探照灯的灯光，士兵们整齐的列队清晰可见，场面很恐怖。

从1935年3月16日开始，德国实行义务兵役制。负责招募、选拔、入伍宣誓和基本训练工作的军事区掀起了一波又一波的军事动员活动。图中所示是新兵到当地的莱茵河地区总部进行体检时的情景。

步兵们在慕尼黑附近接受基本训练。每个步兵配有一支7.92毫米98k式毛瑟步枪。为了能够熟练使用枪支，士兵们用了大量时间在射击场上进行训练。

步兵们在大雪纷飞的慕尼黑进行训练。这里的训练任务是让士兵学会行军、射击、露营和其他一些基本军事技能,但基本训练的首要目标是提高士兵们的身体素质并让他们学会遵守军令。大部分士兵都曾在帝国劳动营中接受过训练。

"一个民族!一个政府!一个领袖!"是当时纳粹分子的口号,这一口号因戈培尔的宣传机器的大肆宣传在当时流行开来。图中带有这种口号图文的军用卡车忙于在巴伐利亚的施特劳宾地区征募新兵。

德国福利组织将这个 2.5 吨的卡车变成了苏台德地区某临时配给站。

这是苏台德地区一个名叫卡尔斯巴德的小镇。人们挂出纳粹旗帜表示对德国接管这一地区的欢迎。原属捷克斯洛伐克的大部分地区变成德国军事区,总司令部设在布拉格。后来,这样一些地区主要用来征兵。

战争初期，德军仍有骑兵军团。一些步兵军官在早期的西部战役中也骑马，但成千上万的马匹主要用于运送武器和物资。

1939年4月1日，首次出航的提尔皮茨战舰停靠在威廉姆斯港。这艘战舰排水量达4.36万吨，全长244米，舰上配有8门口径38厘米的高炮，1944年11月12日被英国皇家空军击沉。

德国战舰"海军上将施佩伯爵"号排水量仅达1.19万吨,但却配有6门口径28厘米的主炮。这艘战舰1934年6月30日首航,在短短的两个月内击沉了9艘英国商船,成功地完成了使命。但在1939年普拉特河战役中,战舰受伤,由其船员自沉。

1938年8月，希特勒同匈牙利摄政王米克拉斯·霍尔地海军上将一起观看在基尔进行的潜水艇军事演习。1936年，希特勒撕毁《凡尔赛和约》后，马上着手建造潜艇。

1938年8月，希特勒在希姆莱的陪同下，观看"西墙"地形图。这道围墙从瑞士、德国边界一直延伸到卢森堡，全长480千米。

1939年4月20日是希特勒50周岁生日,这一天希特勒在柏林进行阅兵。图为重炮部队在接受希特勒检阅。

1938年3月12日，德军公然违反《凡尔赛和约》的规定，被称为德军强力狙击手的摩托车队以加强德奥联盟为由进入奥地利。奥地利纳粹党头目塞斯·英夸特博士发出电报"邀请"德军进入奥地利，以"重整国内秩序"。

1938年5月13日，希特勒的车队开进维也纳。希特勒对其出生地奥地利有着很深的感情。他在贝西特斯加登修建了自己的私人藏身别墅，从那里可以眺望高耸在奥地利和巴伐利亚的阿尔卑斯山脉。

纳粹宣传说希特勒是一个性冷淡的单身汉，但是很明显他和女士之间有很强的相互吸引力。据说，希特勒出现时一些妇女会因狂喜而昏厥过去。

1938年，希特勒对意大利进行国事访问，人们纷纷挂出意大利国旗和德国国旗表示对他的欢迎。同年5月2日，希特勒抵达罗马，在同墨索里尼达成一致意见后，他于第二年，即1939年，发兵侵占了捷克斯洛伐克。

1938年9月，英国首相内维尔·张伯伦到达慕尼黑与希特勒会晤。起初他企图通过与希特勒会谈解决捷克斯洛伐克的问题。但1939年3月德军占领布拉格后，张伯伦放弃了自己的绥靖政策。

第一章 \ 邪魔降世 纳粹掌权 \ 047

1938年9月，德军开进苏台德地区。1919年原属波希米亚的苏台德地区被割让给了捷克斯洛伐克，但长期以来苏台德纳粹党一直策划将其并入德国。

德军占领苏台德地区后,一帮德国军官面带胜利的笑容,站在捷克的一个地堡旁拍照。1938年9月,德国通过《慕尼黑协定》,重新控制这一地区以及这里的300万日尔曼人。

第四节 对希特勒的崇拜

　　1933年希特勒出任德国总理，不久后他自称"元首"，成为德意志第三帝国最高统治者。他像意大利的墨索里尼和西班牙的佛朗哥一样走上了军事独裁的道路。尽管如此纳粹党还是将希特勒美化成一位和蔼可亲、思想先进的领袖，赞扬他对"大众汽车"这样民众喜爱的事情的关注。

1939年4月20日,希特勒在他50周岁的生日宴会上,同摄影师海茵里希·霍夫曼亲切握手。霍夫曼是希特勒的亲信之一。在宴会上,他向希特勒推荐爱娃·布劳恩和提奥多·莫瑞尔(前景中最右一位)。从20世纪30年代中期到1944年,莫瑞尔一直担任希特勒的私人医生。

为庆祝纳粹元首希特勒50周岁生日，纳粹党在柏林举行阅兵仪式。图中，一支着装整齐、训练有素的军乐队正步走过检阅台。

052　崛起与毁灭——第三帝国兴亡画册

希特勒50周岁生日那晚，勃兰登堡门和多利克式立柱在灯光下分外辉煌壮丽。这一建筑修建于1788至1791年间，被誉为柏林的"凯旋门"，当时德国著名建筑学家卡尔·歌德哈尔·阆汉斯受命承担设计与建筑工作。此门顶端设计了一套青铜装饰雕像，四匹飞驰的骏马拉着一辆双轮战车，这是一辆有名的胜利战车。

1939年的一次社交活动中，希特勒正和一名穿着优雅的女士交谈。德国各阶层的妇女们都把希特勒视为德国的阿多尼斯（希腊神话春季植物之神，西方"美男子"滥觞），并给他寄去了数千封信表达爱慕之情，很多人甚至恳求希特勒做她们孩子的父亲。

第二章

闪击西欧　强击苏联

1939年8月31日，阿道夫·希特勒向高级指挥官们下发了一份"绝密"文件，第一次传达了元首的战争命令。这份名为"第一号作战令"的文件，制定出德国对波兰作战的"白色方案"的实施步骤，日期和时间都用红笔填写。此文件确定了武装部队的首战战略。

　　1939年9月1日清晨，两个德国集团军越过波兰边界——由费多尔·冯·包克率领的军队从北路进军，由卡尔·冯·龙德施泰特率领的军队从南路进军。两支部队均以装甲开路，其主要目标是通过大规模的钳形运动将波军分割包围，各个击破。德国人意识到波兰人因得到英法支持的承诺，将会顽强作战。但波兰和英法两国都不知道希特勒手里还藏着一张王牌——刚刚在暗中签订的"纳粹—苏联条约"。希特勒和斯大林已达成协议瓜分波兰。艰苦卓绝的战斗持续了20多天，华沙9月27日沦陷，局部地区坚持的时间长些，但所有组织得力的抵抗均于10月5日完结。波兰人浴血奋战但终究不敌训练有素的对手，更何况他们的对手还采用了一种全新的作战方式：闪电战。

　　"闪电战"这一概念在第一次世界大战后成为军事理论家们争论不休的话题。闪电战内容包括出其不意，快速挺进；在敌后实施空降，卡住敌人要害（如主要的桥梁）；使用密集空军轰炸和坦克突击，在敌防线上打开突破口；绕过敌人坚固防守，迂回歼敌；最重要的是，快速攻击，集中火力，打敌人个措手不及。纳粹将闪电战理论巧妙地应用于波兰及后来东西线的作战实践中。

英国和法国于9月3日对德宣战，但双方都没给波兰任何实际的帮助。17日苏联人从波兰东部入侵时，如入无人之境。至此，波兰被一分为二。波兰的迅速败亡将警钟和沮丧像瘟疫一般传向西线各国，致使恐惧和谣言泛滥。波兰的惨败同时也给德国的装甲部队套上了一个"不可战胜"的光环。德国的宣传阵地《信号》杂志是这样夸耀它的威力的："坦克兵团在总指挥部的无线电指挥下，快速移动，沉重地打击了敌人。它为我们走向胜利扫平了一切障碍。"

■ 西线之战

波兰沦陷后的几个月内，陆地上几乎没有发生战事。战胜波兰之后，德军并没有立刻攻打西线，而是保持了8个月的沉默，英国称之为"奇怪战争"，德国称之为"静坐战"。其他地方的确发生过小规模的冲突。11月底，苏联侵占芬兰。在西线空战中，英国皇家空军炸毁了德军多处军事据点，包括在赫里戈兰岛的军舰，并在德国本土空降传单，但主要的战事还是在海上。1939年9月，德国潜艇击沉41艘船，其中包括英国客轮雅典娜号（误被当成驱逐舰）和航母"无畏"号。10月，德国战舰"施佩伯爵"号首战告捷。10月14日，由高特·普里恩指挥的U-47潜艇在斯卡帕湾的英国皇家海军基地击沉了英舰"皇家橡树"号。1940年2月13日，英国进行了反击，在普拉特河战役中，德军损失了"施佩伯爵"号战舰。在地面，德军正策划进攻西线的"黄色方案"。通过缴获捷克的坦克和其他武器，德军的军事力量达到了顶峰。国防军士兵和德国民众的士气也由于在波兰的巨大胜利而空前高涨。

另一方面，英国远征军被安全运送过英吉利海峡，但是他们并没有吸取波兰的教训。盟军的部署，尤其是法国武装部队远远应付不了即将到来的进攻。当时比利时人和荷兰人迫切希望保持中立，并且不允许盟军利用他们在荷兰的主要防御阵地（戴尔河之线），也不帮助盟军备战，西线国家只能寄希望于马其诺防线——一条沿着德法边境延伸140千米从瑞士边境到卢森堡的防线。它被认为是万无一失的坚固屏障。

4月9日，西线战事打响。首先，德国进攻丹麦和挪威。丹麦不战而降。挪威在英法军队的支援下，进行了斗志昂扬的抵抗。战斗持续到6月7日，法军溃败，致使盟军收兵。5月10日早5点35分，德军实施"黄色方案"，开始进攻荷兰、比利时、卢森堡。这次行动的先头部队是精干的突击队员和空降兵，他们迅速抢占了主要的桥梁、重要的军事防御设施。这次行动相当成功，迫使盟军调兵遣将驻守戴尔河之线。然而，这正中德国下怀，因为"黄色方案"就是要以攻打比利时为幌子，而主要突击目标是阿登高地（法国战略专家认为其不可逾越）。德军庞大的坦克师渡过了色当附近的缪斯河，尽管盟军顽强抵抗，德军还是以排山倒海之势向前推进。

人们从未见过这种闪电战打法。坦克好似勇猛的公牛在前面开道，德军一路沿英吉利海峡挺进，所向披靡。第一个过河的是陆军元帅埃尔温·隆美尔率领的绰号"鬼师"的第7坦克师。在缪斯河，士兵们看到他们的将领隆美尔冒着枪林弹雨，站在齐腰深的水里帮助工程人员修建坦克渡口，一直干到工作结束。于是，隆美尔的行为广为传颂，他成为国家英雄。

德军不断向纵深推进，在某些地区的速度达到一天80千米，迅速把法国分割成南北两半，北部盟军的南线供给被切断。结果可想而知，英国远征军被迫从英吉利海峡的港口撤出。多亏英国皇家坦克第4团和第7团在阿拉斯组织的反击为英军撤退争取了时间。历史学家长期以来一直在考虑当时局势的种种可能性，如英国闪电战专家，利德尔·哈特所言："如果当时我们有两个装备精良的坦克师，法国战役也许会取胜。"

可当时毕竟没有这样的坦克师。阿拉斯反击战仅仅是为英国远征军撤退赢得了喘息的机会。英国军人从敦刻尔克的海滩撤出，留下法国人独自担当起抵抗重任，尽管他们清楚地知道无论如何也阻挡不了当前越战越勇的德国军队。1940年6月14日，法国投降。一周后希特勒在贡比涅接受法国投降。举行仪式的地点是第一次世界大战后举行德国投降仪式的那节火车车厢。在那里，希特勒带着藐视、憎恨、报复和胜利交织在一起的感情，接受法国的投降——为此他专门叫人从法国的博物馆里拉来那节车厢。

此时德国在欧洲只剩下一个敌人——英国。但是，由于丘吉尔并没有像希特勒预想的那样求和，所以希特勒准备发动海战，入侵英国，行动代号为"海狮"。尽管先前德军于1940年7月1日至3日几乎毫无伤亡地占领了英吉利海峡，为"入侵不列颠岛"计划开了个好头，但是希特勒很快便认识到英国空军和海军的力量较强，纳粹德国空军必须先削弱对方的力量。因此，不列颠战役与其说是海战，不如说是一场空战。是年9月，英国皇家空军殊死保卫不列颠群岛的胜利在世界历史上有着特殊的地位。放弃了海上入侵计划，希特勒决定以邓尼茨的潜艇战来逼迫英国投降。美国的护航舰队成了英国的救生索，使其在1941和1942年得以勉强应对，但是美国能做的也只有这么多。美国于1941年12月宣战后，在大西洋战区的盟军才险胜德军。双方都有巨大的伤亡，此次战役最终使盟军损失了3843艘舰船，德军损失687艘潜艇，总重量达1720万吨。

■ 北非和地中海

当希特勒把目标从西线转向东线，要在那里寻求更大生存空间时，北非出了问题。轴心国之一的意大利在那里刚刚遭到狠狠的打击。英国的理查德·奥康纳将军的军队以牺牲不到500人为代价全歼了意军第10军团，并俘虏了13万人，缴获了400辆坦克和1300门大炮。意大利请求德国的援助。为大局考虑希特勒同意了，并提出了"向日葵计划"。在有"沙漠之狐"之称的埃尔温·隆美尔将军的率领下，德国非洲军团支援了意军，并把他们带到了胜利的边缘。从埃及到突尼斯，双方交替掌握主动权，但是，到了1942年6月，隆美尔和他的非洲军团占了上风。非洲军团攻占了托布鲁克，几乎攻到了开罗和苏伊士运河，并且迫使英军撤回阿拉曼。由于这次胜利，隆美尔被授予元帅节杖，他当时只有50岁，是德军最年轻的元帅。

除了支援身处北非的意大利人，德国人还得加强在巴尔半岛的力量。1941年4月6日，德军同时对希腊和南斯拉夫发动了进攻。英勇但装备简陋的希腊军队，连同他们来自英联邦的支援部队，很快就被德军打垮了。德军于4月27日攻入雅典，希腊沦陷。很多英联邦军队撤到了克里特岛，克里特岛便成了德军的下一个目标。德国精锐的山地部队和空降兵经过一场短时间的激战占领了克里特岛。但是，空降兵的伤亡巨大，希特勒大为震惊，他绝不会再同意类似的军事行动，所以后来他通过轰炸和围困的方式，而不是按计划那样通过空降，来迫使起重要作用的马耳他保持中立。

■ 巴巴罗萨行动

与1941年6月22日，希特勒发动的巴巴罗萨行动相比，闪电战在西线的一连串胜利就显得微不足道了。巴巴罗萨行动的战线，从波罗的海一直延伸至黑海，长达3200千米。德国派出了3个强大的集团军群，这是人类有史以来最庞大的进攻集团，总人数达到550万人。北方的C集团军群（共26个师，由勒布元帅统领，先头部队为第3、第4装甲集团军）以列宁格勒为主要目标；中央的B集团军群（共51个师，由博克元帅统领，以第2装甲集团军为先锋）沿着明斯克—斯摩棱斯克轴线，普里皮亚特沼泽的北侧推进，最终目标为莫斯科；南方的A集团军群（共59个师，由伦德施泰特元帅率领，先锋为第1装甲集团军）任务是攻占乌克兰。苏军方面负责防御的是由伏罗希洛夫元帅、铁木辛哥元帅和布琼尼元帅领导的148个师。

德国对先前的同盟国苏联发动突然袭击，苏联红军仓促后撤。对苏联人来说，他们遭受的最大的打击是在基辅地区。在那里，布琼尼率领的60万人的军队被一支钳形运动的装甲大军围困。入秋之前，德军已经推进了880多千米，占领了苏联130万平方千米的土地，使苏联红军伤亡人数高达250万，并俘虏了近100万人。苏军的3000多辆坦克被毁或是被缴获。但是，尽管苏军迭遭惨败，列宁格勒还牢牢控制在苏军手中。苏联提出焦土政策，要利用即将来临的寒冬造成德军重大伤亡。

1942年春，德军继续他们被寒冬中断的进攻，一直攻到了莫斯科的大门口。而同时，在南方，他们的兵力全被派去争夺高加索油田。在这种情形下，他们必须攻下斯大林格勒。于是，1942年夏，他们拟定了作战计划——"蓝色方案"。德军本应在7月中旬就攻下斯大林格勒，结果直到8月底主攻部队才到达这座城市的郊区。苏联领导人斯大林下定决心绝不让这座战略意义重大的城市沦陷，这次战役将注定成为二战的一个重要转折点。

第一节　西线：赢得胜利的日子

　　1939年9月初，德国进攻波兰。这些是德军从华沙附近的军用机场缴获的尚未建造完的轰炸机。尽管损失惨重，波兰空军仍与侵略者顽强作战到9月16日。

希特勒最初的战时司令部是元首特行列车。1939年9月3日晚上,他从柏林前往波兰边界,在第二天凌晨1点56分到达巴的珀尔泽车站。这是列车中两节防弹车厢之一,由埃尔温·隆美尔将军指挥下的护卫队保卫。

这是元首特行列车上的无线电通信车厢，通过车上的无线电和电传打字机，希特勒和他的全体参谋人员就可以在行军中同他的军队和首都柏林保持联系。

"危险区域——禁止前行"。尽管德军支起了警示牌，惊慌失措的难民们仍然堵满了华沙附近的道路。

德军侵略波兰期间,德国侨民被送回国。他们兴奋地为回国做准备。在等待登上容克–52运输机时,他们用野营炉烧热饮,还摆好了姿势准备留影。

尽管德国装甲车性能优异,但也不是坚不可摧。这就是在华沙的一辆被完全烧毁的德国坦克。这种坦克曾是进攻波兰的主要武器之一。

华沙西北部墨德林要塞的大墙内，波兰妇女们在为征服者们擦拭枪支。这个要塞建于19世纪早期，在这场战争中被摧毁，现在城堡已成为一堆神秘的废墟。

1939年10月5日，希特勒在华沙毕苏茨基广场检阅军队。受检阅的队伍中有骑马的军官、列队行进的士兵和马拉大炮。

这四个波兰士兵和一个红十字会的护士在波兰被侵略期间成为战俘。他们穿着波兰军队1936年选定的卡其制服，其中有着方形帽顶的军帽最为引人注目。

这是波兰罗兹市北部的库特纳镇，周边地区的所有犹太人都被德军关进这里的围栏内。这可能是在波兰被侵占后不久，一个波兰妇女正对着相机迟疑地微笑，好像还没完全意识到，这带刺的铁丝网意味着他们所有人都失去了自由。

德军抓捕犹太人期间，一个犹太老人正同德国士兵交谈。他破旧的外套上戴着大卫王之星。尽管他在微笑，人们仍然能从他的脸上看出他不得不屈从于德军的威慑。

罗兹市一个犹太人区里正在进行一场审讯。被告人被指控偷了四个土豆。德国当局上演这种闹剧的目的是让居住在犹太人区里的人感觉到他们也有管理自己事务的权利。然而等待他们的却只有贫穷、饥饿和绝望。那些在犹太人区存活下来的犹太居民将被送往灭绝营。

一些年轻人在罗兹市犹太人区的一个车间制作家具。他们至少还有活儿干,可以暂时不去想将会遭到的厄运。1943年夏季前,除了罗兹市,波兰各城市的犹太人区都被拆毁。在劳动营里只有少数犹太人活了下来,而他们迟早也会被送进死亡坑或毒气室。

罗兹市犹太人区的两个警察扣押了一名犹太老人。警察夹克上戴着大卫王之星的标志，还戴着特制的臂章和军帽。犹太人理事会设法让犹太人自己来协助当局维持治安，但是他们知道如果这些警察不按命令行事，就将遭受毒打甚至更悲惨的命运。

在波兰东部最大的城市卢布林市，纳粹分子总共屠杀了4万名犹太人。1942年3月，图片上这样的老人和病人们被赶往犹太人区的广场枪决，而其他的犹太人则用火车运往贝尔泽克的死亡集中营。

1941年5月，在波兰西南部的伊兹比卡市，犹太人被强令做铲煤的苦力。

图片中两个微笑的吉卜赛年轻女郎，看起来快乐无忧，并没有意识到这个城市将遭到灭顶之灾。吉卜赛人也被纳粹分子作为"劣等民族"加以迫害。1940年5月2800名吉卜赛人被从德国驱逐至卢布林。犹太人被押送到贝尔泽克之后不到两年，犹太区留下的1.8万名犹太人全被带到马伊达内克死亡营枪决。1943年11月3日，处死他们这一天的代号为"收获节"。

1940年5月,强健的波兰男人被驱逐出克拉科夫市,很可能是要去给德国人做苦工。不久后,城市里的犹太人将被带往附近的一个新劳动营,管理这个劳动营的是以残忍闻名的阿芒·歌特。

这个秩序井然的场景可能是战争早期，图片中没有后来纳粹们运送犹太人的残酷情景。当关于毒气室的传闻在犹太人区内散播开来后，只得调动残酷的军队将惊恐的人群赶上装运牲口的卡车，运往死亡集中营。

维德昆·亚伯拉罕·吉斯林是一个新型的叛国者。这个傲慢而又固执己见的挪威人宣称自己是挪威政府的新首相,然而国王哈康七世不予认可,吉斯林也没有得到民众支持。1945年10月24日他被处决。

德国伞兵降落在挪威的纳尔维克四周的山丘上。他们来增援爱德华·迪特尔将军的山地步兵师。在这之前，他已占领了这里的港口。

第二章 \ 闪击西欧 强击苏联 \ 079

德国山地步兵的第三分队是侵略挪威的先锋队

这是容克-87轰炸机，它的机翼很厚而且向上弯曲，起落架是固定式的。这些结构特点使它极易辨认。俯冲时它会发出一种令人惊恐的轰鸣声。图中显示这种飞机正在攻击挪威峡湾中的目标。

纳尔维克港口曾被德国山地步兵占领，经一场激烈的交战，又被英国、法国和波兰军队夺回。然而11天后，也就是1940年6月8日，国王哈康七世及其政府成员离开了挪威，盟军随之撤退。

1940年5月15日，德国一机动纵队通过鹿特丹市的一条被炸毁的街道。停火协议谈判开始的前一天，60架亨克尔公司研制的He-111型轰炸机轰炸了鹿特丹市中心，彻底征服了这座城市。这场袭击造成重大伤亡，7.8万人无家可归。

这些防御工事位于阿姆斯特丹东部，是被荷兰人称作"荷兰要塞"的一部分。

在荷兰的林牙椰蒂，德国坦克指挥官们正同几个步兵讲话，一个荷兰的男孩在一边观望。1940年5月15日，荷兰投降书就是在此地签署的。

德军通过荷兰时，一个德国步兵在给一头荷兰母牛挤奶。很多年轻的德国士兵出身于农民家庭，他们做这种农活丝毫没有问题。

在荷兰和比利时的行军期间，筋疲力尽的德国步兵们倒在地上休息。尽管德国人吹嘘他们的军队高度机械化，大多数的士兵仍然是步行前进，成千上万匹马则被用来运送辎重。

荷兰阿姆斯特丹的消防队员正在扑灭德军炮击引起的大火。鹿特丹防线崩溃后,库希勒将军的第18军团立即向北部的阿姆斯特丹进军。

这是比利时布鲁塞尔一条街道上的路障。1940年5月17日，盟军从比利时首都撤出后，这座城市就成为不设防城市。当晚，德军第14步兵师抵达这里，布鲁塞尔的市政厅楼顶飘起了德国国旗。

投降的比利时军队（注意他们卡车上的白旗）正经过德军的一支马队。按照1940年5月27日《比利时无条件投降书》中德国提出的要求，比利时军队交出了武器。停火协议在第二天凌晨4点钟开始生效。

这架浮桥由德国工程师建造，一队军用汽车正从上面驶过。德国步兵师和坦克师的工兵营中都有可以搭建中型和重型浮桥的舟桥部队。

在离巴黎20千米处，德军费多尔·冯·包克陆军元帅和其他军官在交谈。德军从三个方向向法国的首都进军，而法军奉命向南撤退。法国总理保罗·雷诺和盟军总指挥马克西姆·魏刚宣布巴黎为不设防城市。

一个德国士兵正在使用火焰喷射器。这个装置能喷射一束燃烧的石油或杂酚，火焰可达 25 米。燃料装在士兵随身携带的油箱里。

陆军元帅格尔德·冯·龙德施泰特曾在波兰和法国指挥过 A 集团军，在攻打苏联时还指挥过南部集团军。1942 年他被派攻下法国的南希市并担任西线总司令一职。1944 年 7 月，他被免职，两个月后复职，1945 年 3 月再次被免职。

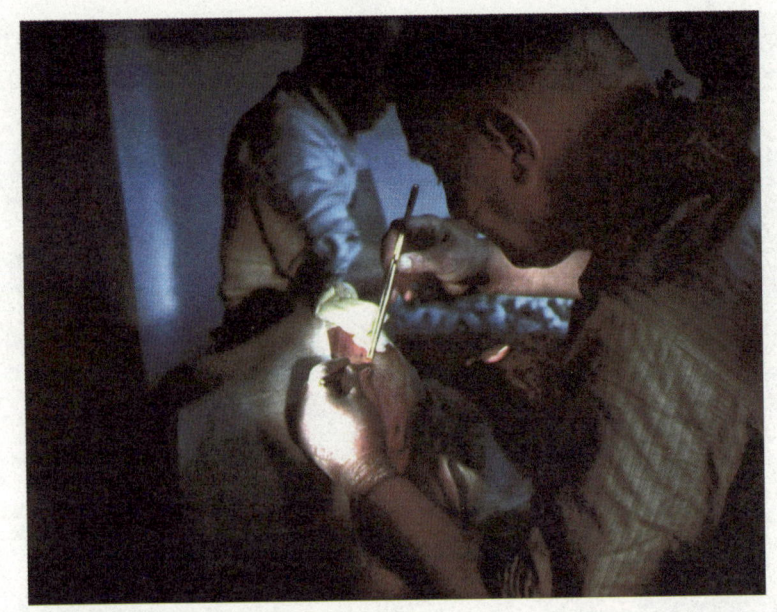

德军战地医院正在进行一场手术。每一个步兵师都有这样一个医疗机构，由7个军官和85个其他级别的人来管理，还配备了30辆汽车和5辆摩托车。

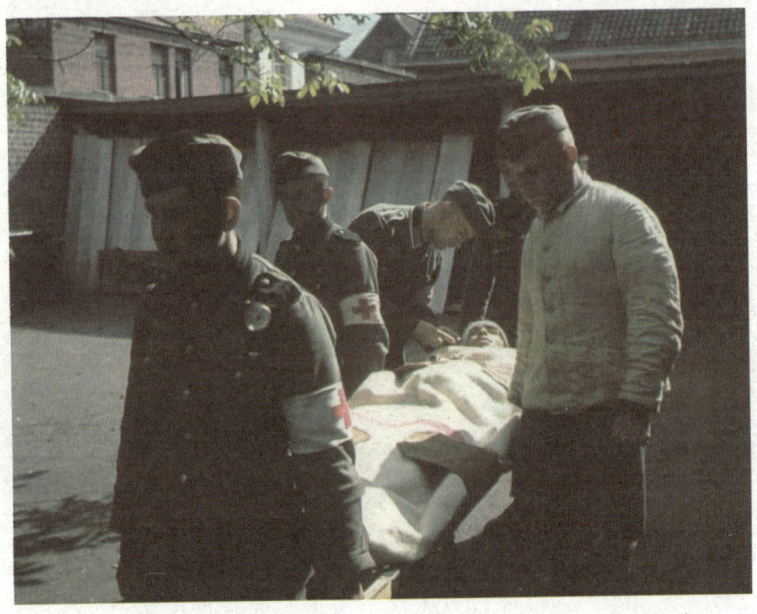

一个伤员被抬进法国的一个战地医院。每个集团军都有一些医疗连队、由支队组成的野战医院和几个救护队。

这是德潘纳的海滩，它从敦刻尔克市横穿法国和比利时边界。"发电机"军事行动拯救了英国远征军。一个孤零零的女人和她的狗在一堆丢弃的军械背景下显得有些古怪。

1940年5月，在敦刻尔克被俘的英国士兵正在等待运往战俘营。像所有的战俘一样，他们脏乱不堪，惶惑不安，没戴帽子，钢盔也丢了。

这些法国士兵是德军的俘虏。从他们的脸和头饰可以看出，他们来自法国当地和殖民地。殖民地军队里还有塞内加尔人、摩洛哥人、突尼斯人和阿尔及利亚人。

希特勒和他的随行人员正要进入火车餐车。一战结束时，德国曾在这节车厢里签署投降书。1940年6月21日，法国向德国投降，为签署投降书，德军特意从博物馆调出这节车厢。

一个德国士兵爬上一个有利地势，眺望战争造成的废墟。幸运的是，不是所有的法国村庄都遭到这样严重的破坏。

这是巴黎市中心新开的咖啡馆。这个咖啡馆是专为德国军队开的，经过巴黎的德国军人可以在这里休息，还可以同护士和其他女士们交往。

从凡尔赛宫开出的德国机动纵队停下来，似在为这门德国 18 式榴弹炮让路。这门由马拉的榴弹炮的口径为 10.5 厘米。在战争初期，这种轻型的榴弹炮是德军使用的主要武器之一。

"先生，找美女照吗？"在巴黎的德国士兵正在欣赏塞纳河左岸的"艺术"。

意大利的地勤部队正为轰炸机装弹。意大利空军主要在北非和地中海战区作战。1940年10月，意大利空军从比利时基地起飞，协助德军对英国进行空战，但被英国空军打败。

帝国元帅赫尔曼·戈林在第一次世界大战中曾是一个战斗机飞行员，战功显赫。在纳粹党中，他的地位仅次于希特勒。在戈林的指挥下，纳粹德国空军自1935年起迅速发展。尽管1940～1941年间德国空军在波兰、法国和俄国战果累累，令人畏惧，但同英国战斗时没有取胜。到1942年底，在所有战场上，纳粹德国空军都承受着巨大压力。

紧急起飞准备就绪，德军战斗机飞行员在等待起飞的信号。他们将配合轰炸机，加入不列颠之战。

这是1940年6月30日德国入侵后不久的英国根西岛街景。占领初期一切都很平静，德国侵略者也努力与当地的居民友好相处。但后来出现的种种压力，尤其是1944～1945年让人们面临饿死的"冬季大饥荒"，使所有人渴望解放。

这是两个带着英式钢盔，背着木制枪的根西岛的男孩。战争对他们来说像一场游戏，但是他们终将感受到居住地被纳粹占领的压力。根西岛是英国在二战期间唯一被纳粹占领的国土。

1941年3月，德国军队进驻保加利亚，占领了黑海的港口。这里是保加利亚南部的一个小村庄，一个骑摩托车的德军通信员停下来休息以恢复体力。

1941年,在保加利亚的一个简易机场,德军地勤人员正在整修梅塞施米特109型战斗机的发动机。

德国骑兵在保加利亚南部的山区中理发。帐篷是由露营被单制成的。每个士兵都发了这种三角形防水被单,这种被单还可当作斗篷。

在一次军事行动期间,德国步兵团在山区中行进。德国攻打希腊以援助无能的意大利同盟。1941年4月6日,陆军元帅李斯特的第12军团进攻希腊。23日希腊投降,而支持它的英联邦军队不是撤退,就是被俘。

1941年5月20日，德军对克里特岛发动了空降战役。他们用滑翔机运载山地步兵，并用容克-52运输机运送了1万伞兵。随即展开了一场激战，战斗持续到6月1日，剩余的英联邦驻军全部投降。

1942年，在德军占领了克里特岛后，一架亨克尔 He-111 中型轰炸机降落在该岛的机场上。这是纳粹德国空军的主要战机，从机身下的两颗鱼雷可以看出，它是专门攻击舰船的飞机。

在1939年6月一次军事检阅中,希特勒和南斯拉夫摄政王(保罗王子)在一起。尽管保罗支持盟军,南斯拉夫还是被迫与轴心国结盟。

埃尔温·隆美尔将军（后来的陆军元帅）是北非指挥官，绰号"沙漠之狐"，后来到欧洲西北部指挥B集团军。因为被卷入1944年7月20日用炸弹暗杀希特勒的秘密计划，他于同年10月14日被逼自杀。

第二章 \ 闪击西欧 强击苏联 \ 109

一架容克-52运输机正准备起飞去北非。它时速高达275千米，飞行高度可达到5900米。

1942年4月29日，在伯格霍夫，希特勒（左3）与一些高级官员（包括他身后的德陆军元帅凯特尔）和墨索里尼（左1）正在进行地中海战场的战略部署。

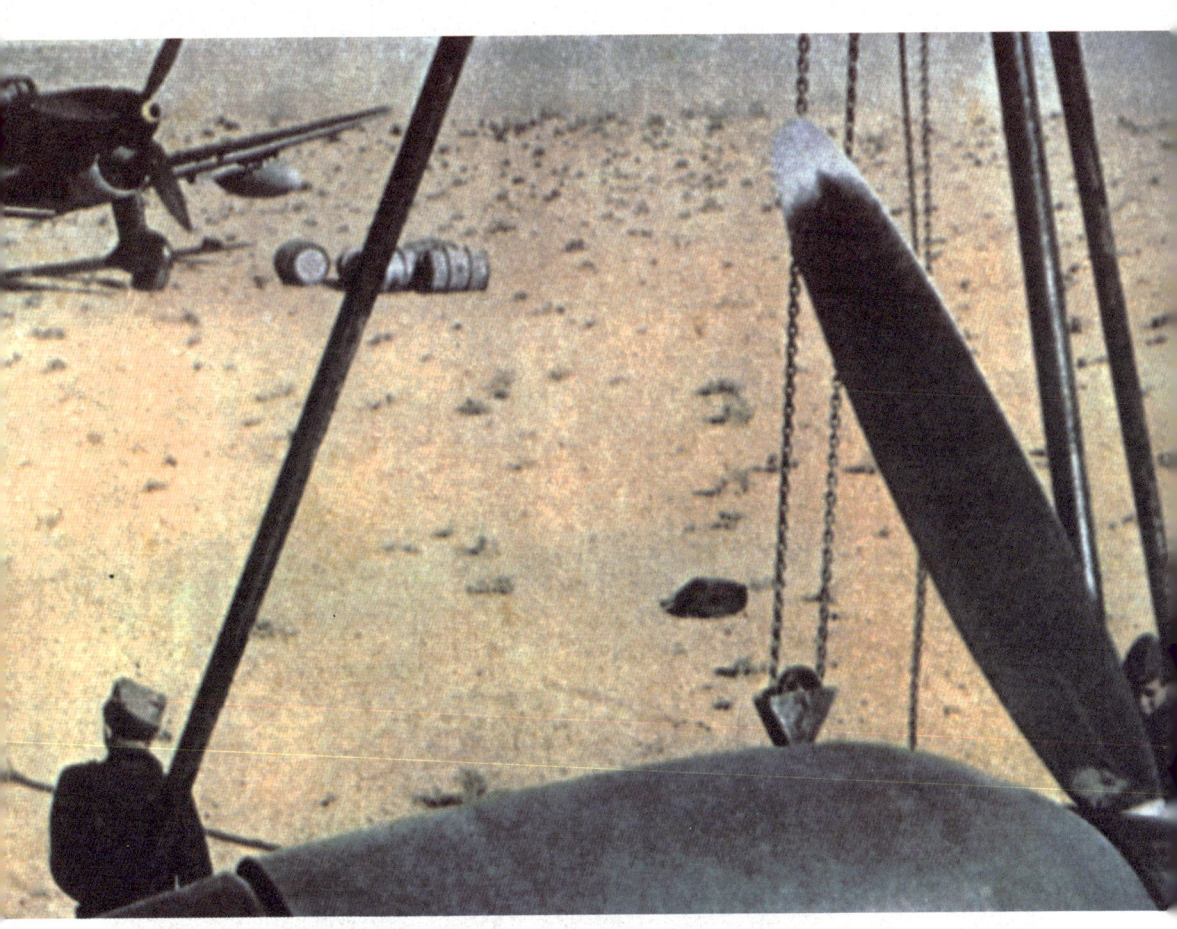

风沙会对飞机的发动机造成极大破坏，所以在沙漠战事中，这种容克－87俯冲式轰炸机始终需要得到仔细维护。

在沙漠中，德军非洲军团的一个炮兵部队观察员在前方观察地点正用一副"剪刀式"双目望远镜进行观察。

两个德国士兵正在休息，还有一个士兵坐在150毫米榴弹炮尾部，仍保持警惕状态。

德国非洲军团的PzKpfw-Ⅳ型坦克爬上了一个沙丘,后面跟着贝都因人和一头驴。在美国的格兰特坦克和谢尔曼坦克到来之前,英国在北非战场使用的坦克其性能一直远远不如德军的PzKpfw-Ⅲ和Ⅳ型坦克。

1941年2月27日，在利比亚首都和主要港口的黎波里市，隆美尔在检阅一些新到的非洲军团部队。陪伴"沙漠之狐"的是意大利的北非总司令意塔洛·加里博尔蒂将军。

第二节　巴巴罗萨进攻

1941年6月22日，冯·里宾特洛甫宣布对苏联开战。这个德国外交部部长曾是1939年8月23日《苏德互不侵犯条约》的主要策划人，但后来希特勒一直将他放在幕后。

德国步兵进入苏联，马车在旁边拉着军需品。德国部队辎重运输需要成千上万的马匹。

一个德国护士在列宁格勒附近的机场照顾受伤的士兵。从1941年9月到1944年1月，长达900天的城市围攻使100万士兵和平民丧生。

在教堂外的草原上，德国野战炮投入战斗。这片草原穿过乌克兰和俄罗斯南部延伸到中亚地区。

持枪德军士兵押解苏联战俘。德国人冷酷地对待他们眼中的低等民族,几百万的俄罗斯人和其他民族的人在被俘期间或者在做德军的奴隶劳工时死去。

120　崛起与毁灭——第三帝国兴亡画册

党卫军的首领海因里希·希姆莱和他恐怖组织的两个成员审问几个妇女。这座白俄罗斯的重要工业城市在战争中被摧毁殆尽,它周边的乡村地区也遭受了残酷的蹂躏。

列宁格勒附近的一座城镇被德军轰炸后燃烧起来。

这是贴在乌克兰的德国反犹太人宣传海报。基辅于1941年10月被德军占领,然而这座城市的大部分工业设备已经被撤出。

两个女孩抱着行李包穿过明斯克的废墟,她们惊恐地看了一眼摄影的人。

德军 PzKpfw－Ⅲ型坦克在距莫斯科 100 千米时陷入沼泽。部分军队成功到达近郊地区却无法再继续前进。1941 年 11 月中旬至 12 月上旬，成千上万的士兵在这次进攻中死去。

由于安装了后备油箱，容克－52运输机的航程增至1300千米，然而在刺骨的严冬给运输机加油是件非常辛苦的差事。

这是辆轻型装甲无线电通讯车。或许驾驶员希望能朝着其他方向的路标前进,而不是卷入攻打苏联首都的可怕战斗中去。然而命令就是命令,他别无选择。

1941～1942冬，一列载满步兵的PzKpfw－Ⅲ中型坦克，从荒凉无垠的大草原上穿过。

1939年慕尼黑。德国人在向前来访问的广岛村上将军行纳粹礼。村上是驻柏林的日本军事参事，第二年他代表日本签署了三国条约，并在后来的战争中一直担任驻柏林的大使。

柏林的"旭日初升"。1940年9月27日，德国、意大利和日本签署了三国条约以加强军事和经济相互协作。这三国后来就称为"轴心国"。日本1941年12月7日突袭了美国海军基地珍珠港，四天后德国和意大利也对美国宣战。

第二章 \ 闪击西欧 强击苏联 \ 129

第三节 大西洋战争

图片中是德国汉堡布洛姆—福斯船厂里一个笑容满面的工人。这个船厂在战争中制造潜艇的时间较晚,但很快成为德国生产效率最高的船厂。

这是"俾斯麦号"前甲板一景。"俾斯麦号"建于1939年，具有4.17万吨的排水量，并装备了8门口径为38厘米的大炮。1941年5月27日被英国海军击沉。

由于引进了电力驱动的潜艇生产线,布洛姆—福斯造船厂成功地制造了 U 型潜艇。该型潜艇共制造了 119 艘。

大西洋护航船队的苦难根源。一艘德军潜艇开出法国西海岸的基地——可能是圣纳泽尔、拉帕利斯或波尔多——前往北大西洋参加"狼群"作战。

大西洋中部天气恶劣，在水面的潜艇舰桥上值勤，油布雨衣和毅力都是必需的。因为到了1943年，盟军的空中威慑使潜艇水面巡逻变得非常危险。

U型潜艇中，空间狭小，条件也差得令人难以忍受，而且船员还必须时刻准备发起进攻或遭受攻击。

第四节 闪电战

古德里安将军很强硬又很苛求,绰号"闪电海因茨"。图片上古德里安(左边)正在和他的同僚,坦克司令瓦尔特·温克研究地图。

机械化步兵要离开他们的半履带车步行作战,这种作战形式称作"席卷"。

闪电战的一个重要组成部分是俯冲轰炸机的轮番轰炸

坦克是闪电战最重要的组成部分。借助坦克集中兵力以便像古德里安所说的"狠狠地打，而不是轻轻地打！"。

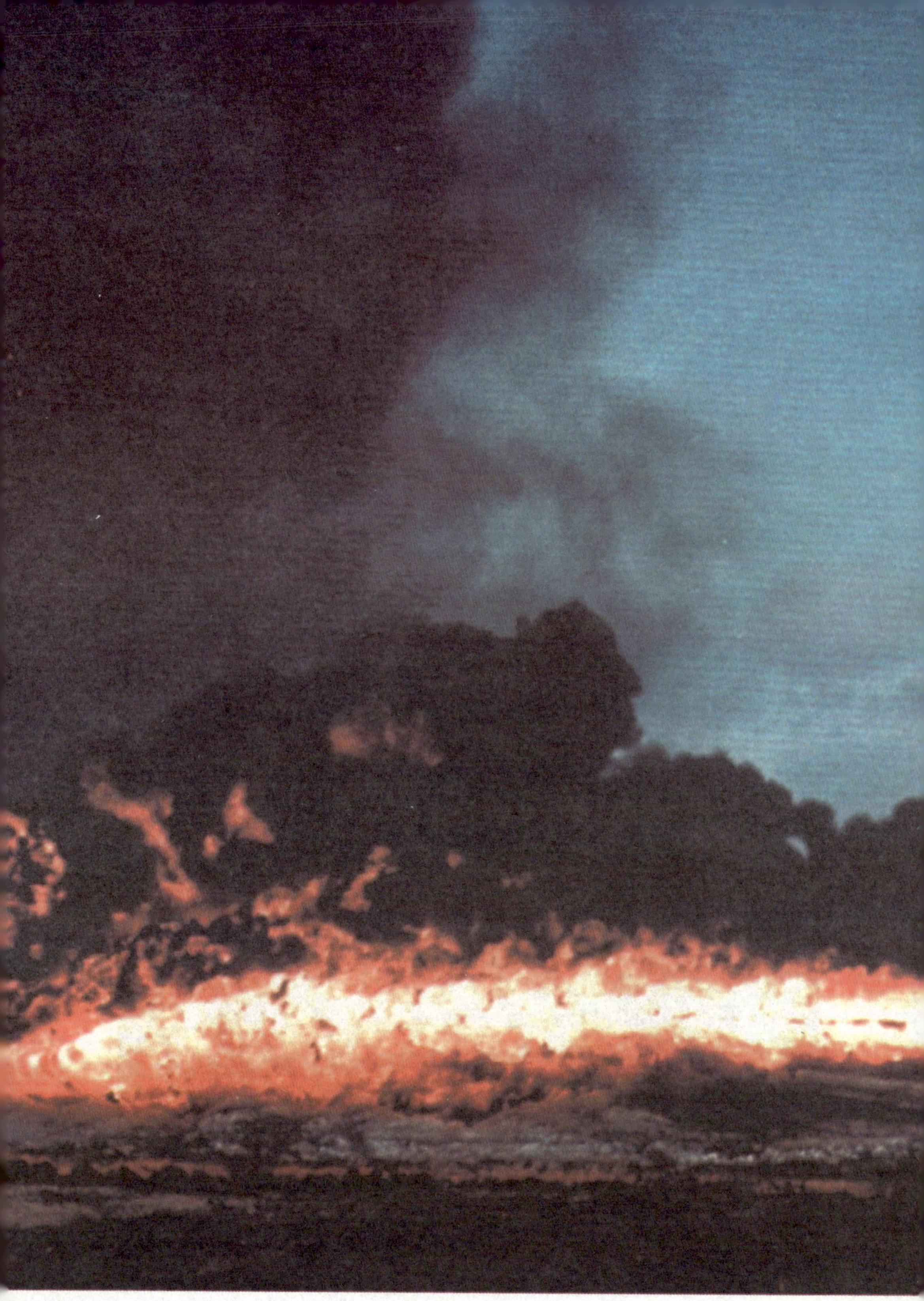

图为 PzKpfw－Ⅲ（F1）型喷火坦克。14毫米口径的火焰喷射器安装在坦克炮塔的位置，射程55～60米。

140　崛起与毁灭——第三帝国兴亡画册

坦克后面的移动火炮就像头顶上的俯冲轰炸机一样重要。然而，大炮的任务是在进攻中根据需要随时提供炮火，而不是一直不间断地开炮。

美国山地部队使用的火箭筒。随着几百万美国生力军参战,轴心国承受着比以往任何时候都大的压力。

第三章

攻守易势　江河日下

1942年夏和初秋，是德军战绩最辉煌的时期。海上，U型潜艇1942年1月至1943年3月间的战斗力最强，盟军损失惨重，濒临危机。1942年盟军损失了1664艘舰船，总吨位达790万吨。德军几乎控制了整个欧洲次大陆和苏联的广大地区。在西线，盟军对迪厄普发动袭击遭到失败，证实了德国的强大海岸防御实力，也证实了德国的大西洋壁垒非常牢固。希特勒本人对这些防御工事非常信任，他提到了在一次视察中，一个托德组织的工人对他说的话："我的元首，我希望我们永远不离开这里。离开这样伟大的工程将是一个遗憾。"希特勒说"这些话里有许多至理名言"，并补充说"什么也不能让我们放弃如此安全的阵地"。

　　在北非，隆美尔和他的非洲装甲集团军已开到了开罗的门口。地中海中部重要的岛屿要塞马耳他正在遭受德军的猛烈进攻，人们深信很快马耳他就会因为饥饿和轰炸而投降。在苏联的战役也进展顺利，列宁格勒和当时的斯大林格勒遭到持续不断的攻击。塞瓦斯托波尔抵御了247天的围攻，7月初沦陷。"蓝色方案"深入到高加索腹地，获取了丰富的石油资源和小麦。希特勒的军队似乎所向无敌。

　　更可怕的是，党卫队特别行动队——第三帝国的政治警察——开始清理德国在波兰和苏联需要的生存空间，将成千上万的人送到灭绝集中营。在高峰时期，像奥斯威辛这样的集中营能够关押10万多人，一天能用毒气杀害1.2万多人：希特勒对犹太人和其他"劣等民族"的灭绝进展迅速。

■ 形势转变

对纳粹形势的乐观报道掩盖了许多问题。首先也是最明显的是，美国人对日本袭击珍珠港做出了反应。1941年12月7日美对日宣战，四天后希特勒对美宣战。尽管美国军队先前不能直接援助英国，但到1942年底由于美军大量投入兵力和先进武器，力量对比发生彻底改变。三年的侵略战争使德军损失巨大。在苏联，到1941年9月底，德国陆军损失了50万精锐兵力，其中1/3是军士或下级军官。到1942年底，德军已经承受不住如此大的损失，为了接替阵亡士兵的位置，补充兵员的训练期变得越来越短。数百万的美国生力军参战，对德军来说，凶兆已显露端倪。

另一个问题是，希特勒亲自在东线指挥德军进攻，他搬到了位于当时德国东普鲁士拉斯滕堡的"狼穴"司令部以监督指挥德军向前开进。B集团军群于8月底到达伏尔加河。保卢斯率领的德第6集团军对斯大林格勒发动了进攻，占领了该城的大部分地区，将苏联红军的防御带压缩到一个很小的区域之内。短兵相接的巷战发生了，而冬天的严寒天气使双方的生存条件都极为恶劣。苏联人设法坚守剩下的河岸地区，然后在11月份从两翼发动反攻，包围了德军，从而使局势逆转。尽管不断增派援兵，但保卢斯很快陷入绝望的境地。

德国空军企图对第6集团军实施空中补给但失败了，冯·曼施坦因的救援纵队也未能突破苏军的包围。苏联提出了德军投降条件，但希特勒不予考虑，他命令保卢斯继续战斗并提升他为陆军元帅以加强他的决心。然而到1943年2月，德军伤亡已上升到12万，保卢斯被迫率残余部队投降，其中包括24位将军。"这是我在这次战争中提升的最后一位陆军元帅。"元首极为生气，大骂保卢斯，"他本可以杀身取义，但他却宁愿去莫斯科。这是什么选择呀？"

毫无疑问，这次失败使第三帝国遭受重挫，而且随着苏联红军的继续进攻，德军遭受了更严重的损失。冯·曼施坦因设法阻止了苏军的前进，并随后进行了几次反攻。苏军的突出阵地伸入到中央集团军群正面的中部，而库尔斯克城周围的突出部正是曼施坦因的攻击目标。代号为"堡垒"的战役要求莫德尔的第 9 军团和霍特的第 4 装甲军团分别从北、南两个方向发起进攻——总共约 3500 辆坦克和自行火炮投入了这次战役，包括威力巨大的重型"虎式"坦克和首次投入使用的"豹式"坦克。在"突出部分"有八个同心的防御带，集结了反坦克、防空和防步兵武器，还有机动预备队。苏军投入使用的坦克数量和德军相当，并且有出色的间谍网和完善的情报机构。

最初德军的进攻还算顺利，但是后来苏军的坦克隐藏在战壕里行进，在能观察敌人并能向其射击的地方开火，边前进边打德国坦克。接着，在一场二战中规模最大的坦克战中，德军遭到了毁灭性打击，损失了 300 多辆坦克，包括 70 辆"虎式"坦克。库尔斯克会战标志着苏联从此转入战略反攻，并一路进攻最终攻破柏林。对列宁格勒的包围也于 1944 年 1 月解除，塞瓦斯托波尔于同年 5 月收复。

在北非，英国的第 8 集团军在有才能的新指挥官蒙哥马利的领导下，于 1942 年 8 月取得了阿拉哈尔法战役的胜利，阻止了轴心国军队的继续进攻。隆美尔由于补给线过长，大部分的增援部队在地中海被英军牵制，被迫向后撤退采取守势。双方都在为沙漠战役的最关键一战——阿拉曼战役——做准备。隆美尔只有不到 600 辆装甲车，其中许多是过时的意大利生产的装甲车，而英军的武器装备在数量上是他的两倍，其中许多武器是从美国运来的。

蒙哥马利拒绝了丘吉尔让他提前发动进攻的要求，坚持等到部队的准备和训练工作就绪后再行动，显示其比前任更有主见。10 月 23 日他对德意阵地大举进攻。隆美尔大量布雷，建立了强大的防御工事。布雷区被称作"魔鬼的花园"，但他不再打闪电战而是进行固定的防御战，这使他不能充分发挥他的装甲部队的技术和作战才能。这场战役变成了蒙哥马利所说的"费力的比赛"。英军发动进攻时隆美尔正在德国休病假。他匆忙返回前线，再次接管他的部队，打了一场顽强的阵地战，但防线最终被攻破。丘吉尔在 11 月发表的著名演讲《开始的终结》谈这次胜利时说："明亮的阳光照在我们士兵的头盔上，温暖了我们所有人的心，振奋了我们所有人的精神。"

隆美尔别无选择，只有一边开始漫长艰苦的撤退，一边进行顽固的抵抗，穿过北非。盟军在法属北非登陆（1942年11月8日，代号为"火炬行动"）的消息使隆美尔的境况变得更糟糕。德军南线总司令凯塞林迅速空运增援部队到突尼斯，但从此轴心国部队不得不两线作战。在东线，蒙哥马利先后夺取了德尔纳、班加西和的黎波里，几乎将"沙漠之狐"隆美尔赶出利比亚，最后将其赶入马雷特防线上的最后防御阵地。1943年5月12~13日，曾经不可一世的德军非洲军团投降。

轴心国在北非的冒险行动中共有约62万人被歼灭。隆美尔飞回国恳求希特勒援救他所钟爱的非洲军团，因此留在德国没有被俘虏。于此，应该再次引用丘吉尔的话："经常用武力对付别的国家的德国人再次挨打了。"

■ 开始的终结

丘吉尔称阿拉曼战役的胜利是"开始的终结"。在接下去的几个月里，英美两国履行了它们对苏联所做出的承诺，在西线开辟第二战场。诺曼底登陆的准备工作周密而充分，且令敌人感到神秘莫测，这主要归功于盟军的空中优势阻止了德军对英国的详细侦察。大量军队和武器迅速在英国集结。德国人很清楚盟军很快要发动一次大规模的两栖登陆战役，但却搞不清确切的时间和地点。他们只能在整个"大西洋壁垒"沿线加强防御工事。"大西洋壁垒"从挪威沿大西洋和沦陷的欧洲英吉利海峡海岸一直延伸到法国和西班牙之间的边境，形成复杂的防御网络。精力充沛且正赋闲在家的隆美尔被任命为"西线防御总司令"，负责熟悉"大西洋壁垒"的各方面情况并充分利用托德组织改正不足之处。尽管他很有能力，对工作尽职尽责，但也无法解决盘根错节的指挥系统问题，也不可能结束陆海空三军之间的严重对立状态。另外，隆美尔主张歼敌于滩头，意思是反攻的装甲部队尽量向前以免盟军的空中力量切断他们与战场的联系。但他的主张没有被采纳，结果当登陆开始时，他担心的事成了德国人的致命缺陷。

轴心国部队很快就尝到了法国被入侵时的滋味，因为盟军把轴心国部队从北非赶出去后接着又开始准备攻击意大利，决定先在1943年7月10日进攻西西里岛。德空军元帅阿尔贝特·凯塞林在西西里岛战役中将德军主力撤回到意大利，这证明他是德国最优秀的指挥官之一。盟军在战争初期已破译了德国的恩尼格玛密码系统，因此德军机密情报几乎一发送就被盟军截获。

盟军对意大利的进攻很快导致意大利1943年9月8日与盟军达成停火协议。墨索里尼在盟军进攻西西里岛不到两个星期就被逮捕，并不断地更换关押地点，由重兵看守（但是，墨索里尼在1944年9月12日被德国党卫军突击队救出）。意大利1943年10月13日对德宣战，此后意大利游击队一直配合盟军作战，牵制处境困难的德国军队。德军虽然未能阻止盟军在第二年6月4日到达罗马，但在一些战役中如卡西诺修道院、安奇奥和古斯塔夫防线进行了顽强的抵抗。

■ 海上战争

尽管第三帝国海军在大西洋和北冰洋成功地打击了盟军的运输船只，但由于英国皇家海军和美国海军的反击，德国海军力量逐渐削弱。新技术的采用、恩尼格玛情报的破译和有效的对策使德国潜艇遭受重创，几艘大型水面舰艇也沉入北冰洋。这些水面舰艇包括"提尔皮茨号"，1943年11月12日它在挪威的一个峡湾里躲避时被英国皇家空军击沉；另一艘是"沙恩霍斯特号"，1943年12月26日它被英国皇家海军舰艇"约克公爵号"击沉。同年8月，整个丹麦的扫雷艇要么被凿沉，要么躲到瑞典——这对第三帝国海军来说是损失巨大的，也是难以弥补的。意大利投降，从而失去意大利舰队，对德军是一个更大的打击。

大西洋海战的转折点发生在1943年3月底到5月之间，盟军逐渐完善护航船队体制，扩大护航海域，采取海空协同的立体反潜战术，并使用了先进的装备，如厘米波雷达、改良的深水炸弹、前发火迫击炮、无线电测向仪和空投反潜火箭。在3月的最后两个星期，盟军只损失了10艘舰船，而德国潜艇被击沉45艘。损失如此严重，邓尼茨下令潜艇撤离大西洋，并重新考虑战术。然而，这仍然无济于事：在6月和8月间又有74艘德国潜艇被击沉，其中24艘被英国皇家空军海防总队的飞机击沉。而这一期间盟军只损失了58艘船只。大西洋海战以德军的失败而告终。

第一节　神奇的武器

密斯特尔组合飞机由歼击机（Me–109）和轰炸机（Ju–88）组装而成，后者的机首换成了装有3500千克的空心装药炸弹的破甲弹头。歼击机引导轰炸机找到轰炸目标后与其脱离。

希特勒重视坦克研制生产。"追猎者"是一种相对小型的反坦克装甲车,在收缴的捷克坦克38(t)型基础上改装而成,它的重量不足18.3吨——保时捷205"鼠式"坦克是它重量的10倍以上。

在武器装备部部长阿尔贝特·施佩尔的陪同下，希特勒观看重达1350吨的列车巨炮"古斯塔夫巨炮"。1942年轰炸塞瓦斯托波尔时，它只发射了48发80厘米口径的炮弹，但每颗炮弹重达7吨。2000名官兵为其服务。

图为希特勒和他的一些技术人员,包括左边穿工作服的奥地利汽车工程师、装甲车设计师和私人朋友弗迪南德·保时捷博士。

检测 V2 型火箭。它的射程 320 多千米，和 V1 一样用于对付英国。

出故障的V2火箭的残骸。它的动力依靠低温液体氧和甲醇,而它的弹头装有975千克阿马图炸药。德军在200天的时间里发射的约3000枚V2火箭中有1120枚射向了伦敦。

守卫元首。这个哨兵是在元首的东普鲁士拉斯腾堡附近森林深处的司令部"狼穴"的外围地区呢,还是在同样隐蔽的齐根堡附近的司令部的外围地区呢?

希特勒某司令部的露天简报会

富有才华的陆军元帅埃里希·冯·曼施坦因向希特勒简要介绍在苏联的作战行动。他是入侵法国大胆计划的设计者，是为数不多敢于反抗希特勒的人。1944年3月，曼施坦因被解职。

在希特勒司令部"狼穴"，最内层的地下掩体是为元首保留的，第二层地下掩体供他的军事参谋使用。地面以上有八栋木制建筑（后来扩建并覆盖上水泥）。照片上，四位参谋部工作人员正在努力工作。

矮壮的、皮肤黝黑的马丁·鲍曼是希特勒的秘书。他审查希特勒所签署的所有文件,因此有很大权力。1945年5月1日晚上,他在柏林国会大厦的地堡里失踪。

希特勒的副手，帝国元帅、空军总司令赫尔曼·戈林。他一战时是歼击机飞行员，被授予"蓝马克斯"勋章，后来跟着纳粹党飞黄腾达，他喜欢追求奢侈的生活方式。

海军上将卡尔·邓尼茨（中）和凯特尔、戈林、希姆莱、鲍曼（自左至右）。卡尔·邓尼茨1943年由德国潜艇部队总司令提升为海军总司令。

海因里希·希姆莱是党卫队全国首领,在德国的权力仅次于希特勒。1944年刺杀希特勒事件后他成为预备部队的司令,在德军发动进攻的阿登战役中担任莱茵集团军群司令——他完全不适应这个职位。1945年5月22日,他被捕后自杀。

和希特勒说话的是约阿希姆·冯·里宾特洛甫。他是元首的高级外交官,备受人们的嘲笑。一位传记作家把他描述成"英俊、傲慢、没有头脑"的人。他1933年加入纳粹党,1936年被任命为驻伦敦大使,后来成为外交部部长。

第三章 \ 攻守易势 江河日下 \ 163

墨索里尼在巴伐利亚逗留时发表讲话。他和希特勒进行互访，1939年5月巩固了《钢铁盟约》。

这些裸露上身的地勤人员坐在俯冲轰炸机容克JU-87上，大概正在享受地中海的阳光。在那里，第2航空大队从意大利机场起飞执行作战任务。他们的3500架飞机中约有250架是俯冲轰炸机。

南蒂罗尔在纳粹头目访问期间，挂起纳粹旗帜，少女身着民族服装表示欢迎。这片意大利领土上大部分人说德语，因为一战前它曾是奥地利的一部分。

德国部队在南蒂罗尔。在自行车部队左面的是身穿白色衣服、背着雪橇的山地部队滑雪队。

被炸成废墟的村庄和更多无助的难民。随着战争的继续，这样的情景在欧洲不断出现。

横跨佛伦萨阿尔诺河的圣三位一体桥。1944年8月美国引爆德军掩埋的地雷，该桥被完全炸毁。

被解救的墨索里尼。他1943年7月25日被捕后，希特勒挑选了奥托·斯克尔兹内实施营救。这个武装党卫队上尉发现墨索里尼被关在山地高原上的一个饭店里。载有他和另外九名营救人员的滑翔机强行着陆。他制服了看守，用一架轻型飞机将墨索里尼带到罗马。

170　崛起与毁灭——第三帝国兴亡画册

一支美国第10山地师第86山地步兵团的山地部队在亚平宁山脉进行滑雪巡逻。图中是一位军医在为伤员处理伤口。

德国士兵的一个小分队经过激烈的战斗，占领斯大林格勒北部的一个已成瓦砾的拖拉机工厂和其他建筑后在休息。德国人没能占领整座城市，在占领了大部分地区后自己反而陷入了围困之中。

党卫军特种部队头目奥托·斯克尔兹内负责绑架了匈牙利摄政王海军上将霍尔蒂的儿子,以后他又护送霍尔蒂到德国。被称为"欧洲最危险的人"。

一些困在斯大林格勒的平民，像这位妇女一样，在战火的包围下，仍在城市的废墟中继续顽强地生存。

赤脚的士兵。这两个人是亲德乌克兰人,纳粹分子部署他们在后方与苏联游击队员作战。

焦土政策。在冬天寒冷的天气里，建筑物关系到人的生死存亡，因此交战双方经常为夺取建筑物而激战或为了不给对方留下房屋而将其毁掉。

被俘的苏联人——他是战士、游击队员还是无辜的平民？不管是什么情况，作为纳粹分子眼中的劣等民族，他很可能被送到后方去干苦役。

车队从一辆抛锚的车辆旁驶过,沿着泥泞的车辙在苏联西伯利亚无边无际的荒地里行驶。极其恶劣的天气对东部前线的战事影响很大。

这两个坦克兵在给坦克炮补充弹药。他们把炮弹从侧舱门递给第三个坦克兵，由他把炮弹装进内部弹仓。

在俄罗斯，两个士兵在散兵坑里。右边的下士用围巾捂着耳朵保暖，他的同伴戴着皮帽。

运输德军 Pzkpfw－Ⅲ装甲车的火车正穿过乌克兰。火车运输减少履带磨损并且比在公路行驶或穿越乡村要快得多。当然，拥有制空权是基本条件。

一辆德军 Pzkpfw-Ⅳ 坦克正在通过横跨顿河的重 24 吨的浮桥。这条宽大的航道向南穿过俄罗斯，在罗斯托夫附近注入亚述海，流程约 1930 千米。

希特勒和保时捷博士视察57吨重的虎式坦克。它由卡塞尔的亨舍尔工厂制造，1942年8月在列宁格勒地区首次参加战斗。

虎式坦克在前进。这种坦克前部的装甲钢板厚度有100毫米,坦克炮口径为8.8厘米。

第二节　大西洋壁垒

在诺曼底值勤。这种设在海岸线的掩体有 2 米厚的混凝土墙，周围覆盖着土并进行了伪装。这种掩体既有容纳 MG-42 机关枪和机枪手的位置，也有专门设的观测位置。

远程海岸大炮。德国人集中部署这种巨型炮以防守多佛和加莱之间的英吉利海峡的最狭窄处。后来这些炮成了大西洋壁垒的一部分。

另一门伪装了的巨型炮进入英吉利海峡岸边阵地，但大西洋壁垒的修筑工作还在继续。

这门使人望而生畏的40.6厘米SKC/34舰炮是大西洋壁垒固若金汤的象征。它是桑加特南部的三门巨炮之一。

守卫英吉利海峡。一名德国哨兵用双筒望远镜观察

第三节　第三帝国的精英

空军上校汉斯·乌尔里希·鲁德尔服役于纳粹德国空军。1944年3月29日获得了钻石双剑银橡叶骑士十字勋章，成为获此勋章的第10人。

希特勒在黑森州的坦伦堡为阵亡军人举行国葬。1940年6月和7月希特勒将司令部设在坦伦堡。

为国家社会主义司机团（摩托化兵团）头目阿道夫·胡恩莱举行葬礼。纳粹分子为党卫队头目们举行的葬礼很隆重。国家社会主义司机团是冲锋队的一部分，也是党卫队精锐部队"风暴部队"的一部分。

空军中将阿道夫·加兰德是王牌飞行员,他1942年1月28日获得钻石橡叶宝剑骑士铁十字勋章,成为该勋章的第二位获得者。他1940年8月1日,他获得骑士铁十字勋章,同年9月25日获得银橡叶骑士铁十字勋章。他在战争中幸存下来。

空袭造成大量的伤亡，当局只好举行集体葬礼

第四章

战争后方　罪恶昭彰

1939年，希特勒的军事行动点燃了二战战火。关于纳粹德国为这次大战做了多少准备，历史学家之间存在巨大分歧。执掌权力约六年，纳粹分子有足够的时间使他们的思想观念深入人心并使他们的行为为多数人所接受。纳粹权力的基础——民政系统、秘密警察、教育系统和青年团运动——已完善并且为军队源源不断地输送骨干分子。毫无疑问，陆海空三军为作战进行了大量训练，准备充分，武器精良。工业能为军队提供充足的武器。希特勒保证战前通过贸易协约能够搞到德国缺少的重要原材料（除煤以外的几乎任何东西）。战争期间，他又通过征服其他国家获得了他所需要的一切。

尽管有这些优势，有些重要问题，特别是物资调拨和政治内讧长期得不到解决，使法西斯政体深受其苦。武装部队的每一支部队——海军、陆军、空军和后来的武装党卫队——都有自己的物资调拨办公室，就像托德组织和其他机构一样，各自都要争抢它的那份物资。另外，涉及武器发展，希特勒经常进行个人干预，例如，他坚持要把梅塞施米特式战斗机Me-262制成战斗轰炸机。内讧在各种内部组织中发生，从高级部长到小官员无一例外，成为了纳粹政府的特色。弗里茨·托德去世以后，阿尔贝特·施佩尔任武器装备部部长。他在自传里生动地描述了这种冲突。

不管是否为战争做了准备，德国和德国人在那一段时间经历了巨大的变化和艰难困苦，但德国与英国或苏联相比却没有太多地勒紧裤腰带过日子。这种情况一直保持到战争的末期。原因是多方面的，但主要是剥削被占领国的财富（依靠税收和占有）和它们的劳力资源。据估计被占领国的税收占德国战争全部花费的 1/8。除此之外，商品和贵重物品被纳粹分子据为己有并运回德国。

德国对被占领地区的主要剥削形式是使用外国劳工，这一形式为德国各主要城市提供劳动工人。随着战争的发展，武装部队需要越来越多的人力，因此妇女也被征召入伍做男人的工作。到了 1944 年，男性严重缺乏，10 万名妇女被动员去操作防空火炮，而希特勒青年团的男孩和女孩在重要勤务部队填补空缺，当传令兵、电话接线员、医院勤务兵甚至消防员。当然，这也只是杯水车薪，无济于事。毋庸置疑，如果没有数量庞大的外国工人在艰苦的条件下工作，兵工厂、矿山、炼钢厂和其他所有重工业都得停产。到了 1944 年，德国有 700 多万外国工人，其中包括大约 200 万战俘。到 1942 年，底大约有 130 万法国平民在德做苦工，有将近 300 万波兰人也被迫在那儿工作。另外还有奴隶劳工，他们像牛马一样劳动直到死去。入侵苏联所俘获的 450 万苏联战俘 6 个月后只有 150 万活着。战争结束时，德国的钢铁和军火生产商克虏伯在遍布德国、波兰、奥地利、法国和捷克斯洛伐克的将近 100 家工厂使用过奴隶劳工。

战后，面对强迫劳动所造成的可怕后果，许多德国人说"他们就好像从荒诞的梦中醒来，而且自己在这里面也扮演了某种角色"。发现自己置身于一个没有纳粹的世界，而且被要求讲述这些无辜的人如何劳累致死，"他们用怀疑和恐惧的目光注视着纪录法西斯暴行的照片，他们忏悔、不安，时而责备自己，时而责备他们曾经为之效力的人和信奉的信条"。强迫劳动涉及的人数是令人难以置信的。例如，1943 年 4 月，战时劳工全权总代表弗里茨·绍克尔自豪地向希特勒汇报说，有 360 万外国工人和 160 万战俘被强制为德国制造业工作。在军火工业里约 40% 的工人是奴隶劳工，他们生活在像集中营一样恶劣的条件下，一直工作到死。

■ 盖世太保和党卫队

对第三帝国来说，其政体中最险恶的两个成分是秘密警察：盖世太保和政治警察——党卫队。盖世太保的任务是追捕反对国家的人，从讲反纳粹笑话的人到被占领地区的抵抗组织。盖世太保有自己的体系，被占领地区的每一个人都对它的掌控感到恐惧。党卫队是受海因里希·希姆莱领导的警察组织，后来有了军事武装部门。到1940年，党卫队人数共计25万，大致分为普通党卫队、党卫队军事分队。军事分队开始是三个营的部队，后变成武装党卫队、看守集中营的骷髅部队、纳粹安全警察（党卫队自己的安全部门）和处理被占领区殖民化问题的种族移民局。党卫队自己负责招募新兵、训练和作战，有自己的军衔体系、制服和组织构建。

党卫队和盖世太保在大德意志各地编织了一张告密者的网，因此对国家的任何公开批评都是危险的。人们不敢询问有关集中营的事以及谁要被送进去。希特勒坚持主张"我们要让人们不再认为畅所欲言是每个公民权利的一部分"。如果有人敢这样做，被抓住后，就会受到严惩，以儆效尤。

■ 轰炸

除了人员短缺和秘密警察问题，对在纳粹德国生活的人们来说最明显的战争记忆是轰炸。轰炸开始限于军事目标，后来民用目标——城镇——越来越容易受到敌方的轰炸。西班牙内战和对英国的闪电战已证明了这一点。由于轰炸是英国能够回击德国的主要方式，英国一而再地增加空袭频率并增强打击力度：1942年，上千架轰炸机开始袭击德国城市，产生了可怕的结果——汉堡变成了燃烧的人间地狱，导致了将近4.5万人死亡，他们大多数是平民；另一座大城市德累斯顿7万人被炸死。

这可以说是一场"全面战争"，与在闪电战中英国伦敦和其他大城市已经经历的一样。现在是还击德国的时候了。美国空军和英国皇家空军不舍昼夜地轰炸造成了巨大的破坏，并且使已经很紧张的德国交通系统陷入瘫痪。与轰炸英国造成的结果相类似：一些人，特别是小孩子被疏散到乡村地区，而其余的人则要面对持续不断的空袭，住在他们炸毁的房屋里。在战争最艰苦的时期，德国是怎样继续运转的？这值得人们关注。尽管夜以继日狂轰猛炸，工厂例如在鲁尔区的大克虏伯帝国继续运转；火车飞奔，将制造出的武器设法运抵前线。英国皇家空军轰炸机司令部出动飞机33万余架次，在战略性的轰炸战役中损失了约9000架飞机。战争期间71.4%的夜间和52.5%的白天，英国皇家空军都在执行飞行任务，对军事和民用目标投下了95万吨炸弹。

■ 宣传

纳粹分子完全相信宣传。在纳粹德国国民教育与宣传部部长约瑟夫·戈培尔的指挥下，纳粹分子的宣传活动为希特勒执掌政权起了巨大的作用。20世纪30年代的纽伦堡集会是宣传活动的集中体现，是为彰显帝国力量、雅利安种族优越论、巩固纳粹党的地位，特别是希特勒的地位而举行的大型集会活动。这些大型的具有特殊效果的活动涉及无数人。强烈的视觉符号的使用，如纳粹党所用的卐字符，使任何看过集会活动照片的人都会意识到德国的力量。1936年的奥林匹克运动会，是纳粹分子的另一个宣传机会。他们斥资2500万美元修建室内运动场。对他们来说，不幸的是美国黑人运动员杰西·欧文斯获得三枚金牌使人们永远记住了这次活动，破坏了希特勒利用运动会来证实雅利安人优越论的计划。

战争期间，纳粹分子的宣传机器超速运转：为入侵波兰捏造理由；最大限度地夸大德军的胜利，尽可能地少说自己的失败和损失；嘲笑其他国家的领袖，特别是丘吉尔和罗斯福；用一切手段打击德国对手的士气。《信号》杂志是纳粹宣传品中的代表，它是半月刊，分别翻译成20种不同的语言。它行销全欧洲，珍珠港事件以前还销往美国，1943年销量达到300万册。这个杂志的内容丰富多彩而且新颖时尚，虽然文章带有明显的倾向性。无线电广播以纳粹德国电台的英语广播明星威廉·乔伊斯——莫如哈哈勋爵——为典型。整个战争期间，他在柏林广播，1946年被英国人作为叛徒绞死。随着形势的恶化和失败的来临，纳粹更进一步加大了宣传力度。

■ 人员伤亡

战争前期，德国伤亡人数较低，闪电战似乎奇迹般地取得成功而没有一战中司空见惯的大量的人员伤亡。士兵回家休病假并经常获得国家英雄的荣誉称号。平民几乎没有尝到挨炸的滋味，看到的只是最小限度的破坏，但相信一切都会改变。然而，后来英国和美国的战略轰炸使德国的主要城市变成了前线，50万平民在最后的日夜空袭中丧生。随着战争的失利，战场上的伤亡人数也增加了。大量的伤亡特别是东线伤亡数字使公众的情绪发生了变化。"屠夫的账单"越变越厚，正在康复的战士不准回家，而报纸上的阵亡通知每期也只限于为数不多的几个人。二百多万德国军人死亡，受伤的数目是死亡数目的两倍，而另外几百万当了战俘，其中死了几十万，东线死亡人数特别多。

■ 最终解决办法

第三帝国犯下的最不可饶恕的罪行是妄图灭绝欧洲犹太人。就像臭名昭著的《我的奋斗》一书里表明的那样，从一开始，希特勒就把犹太人作为德国内部问题的替罪羊。宣传机器说"犹太人是我们的不幸"。纳粹分子一上台就开始有步骤地霸占、强吞犹太人的财产。从1933年4月对犹太人商店的官方联合抵制到禁止异族通婚，没收犹太人所有贵重物品，强迫犹太人带一个黄色小星作为标记，破坏犹太教堂，把犹太人赶进"犹太人隔离区"，所有这一切表明对犹太人的迫害愈演愈烈。1938年11月9日的"水晶之夜"达到高潮。这天夜里7500家犹太人商店遭抢劫，将近200座犹太人教堂被毁，街道上遍布碎玻璃。恐怖罪行诸如灭绝集中营、毒气室、奴役、酷刑和谋杀在暗中进行。希特勒说："行动必须干脆利索。当拔一颗牙时，你只需猛地用一下力，痛苦很快就会消失。犹太人必须被赶出欧洲。否则欧洲人之间不能互相理解……但是如果他们（犹太人）拒绝自愿走，除了灭绝，我找不出其他解决办法。"1942年1月20日,纳粹在万湖策划了灭绝行动,盖世太保负责搜捕犹太人,党卫队负责看守关押犹太人的集中营。战争的最后几个月,盟军向德国进军,党卫队企图掩盖恐怖罪行,但是其累累罪行,无法完全掩盖。虽然很难统计死难犹太人的确切数字,但战前有850万犹太人在欧洲生活,战后只有200万人幸存。

第一节　人员伤亡

茶点时间。在一家德国餐馆里，军官和平民边吃饭边喝茶，这是战争中较轻松的时刻。

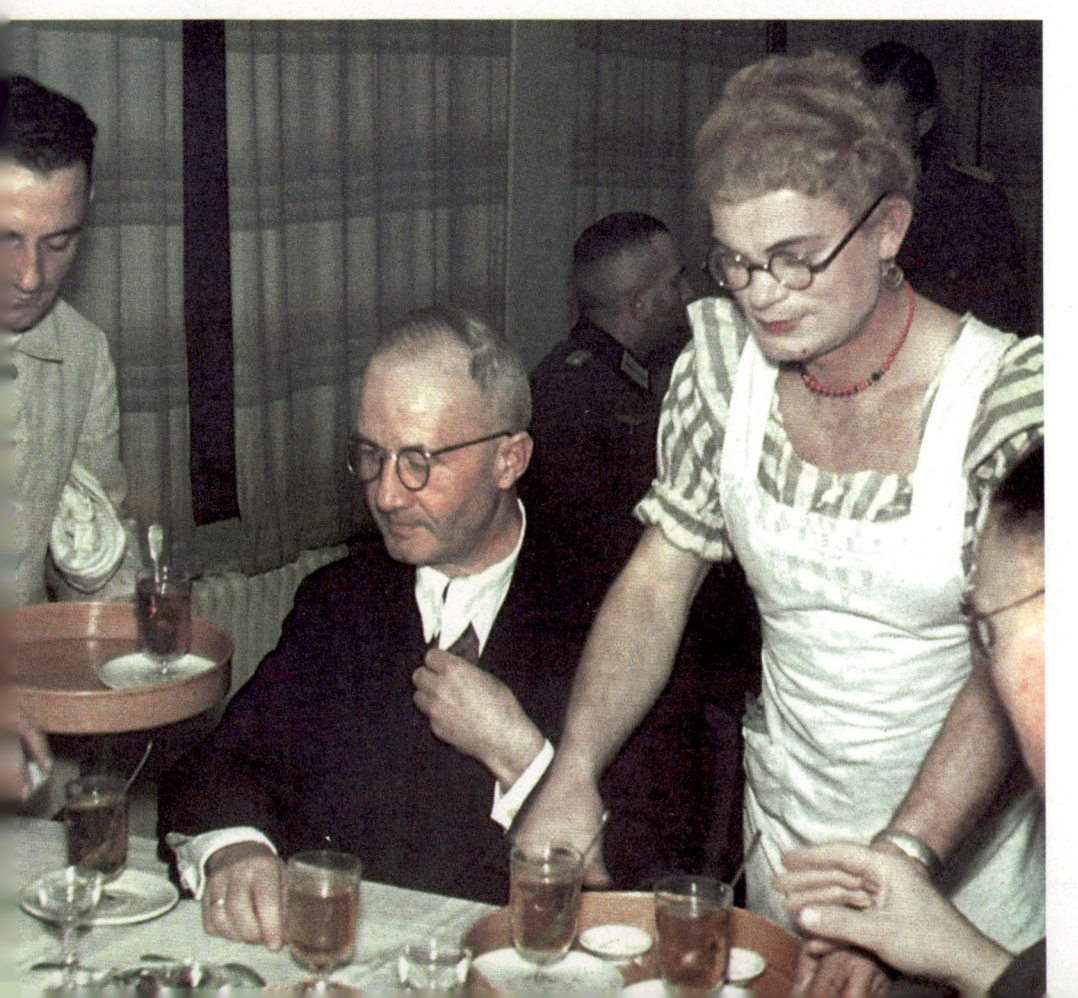

第四章 \ 战争后方 罪恶昭彰 \ 201

新鲜水果和蔬菜在橱窗里已不多见。到 1944 年底，连根西岛番茄也不再销售

容克运输机要运载各式各样的货物。这次运的货是活的鹅和猪。1932 年，德国汉莎航空公司开始将其用于民用航空服务，但该机的多功能性使它在战争伊始就被广泛应用于空降攻击和补给运输。

1941年，在为纳粹党首脑举行的圣诞节宴席上，容量为一品脱的陶瓷啤酒杯非常显眼。

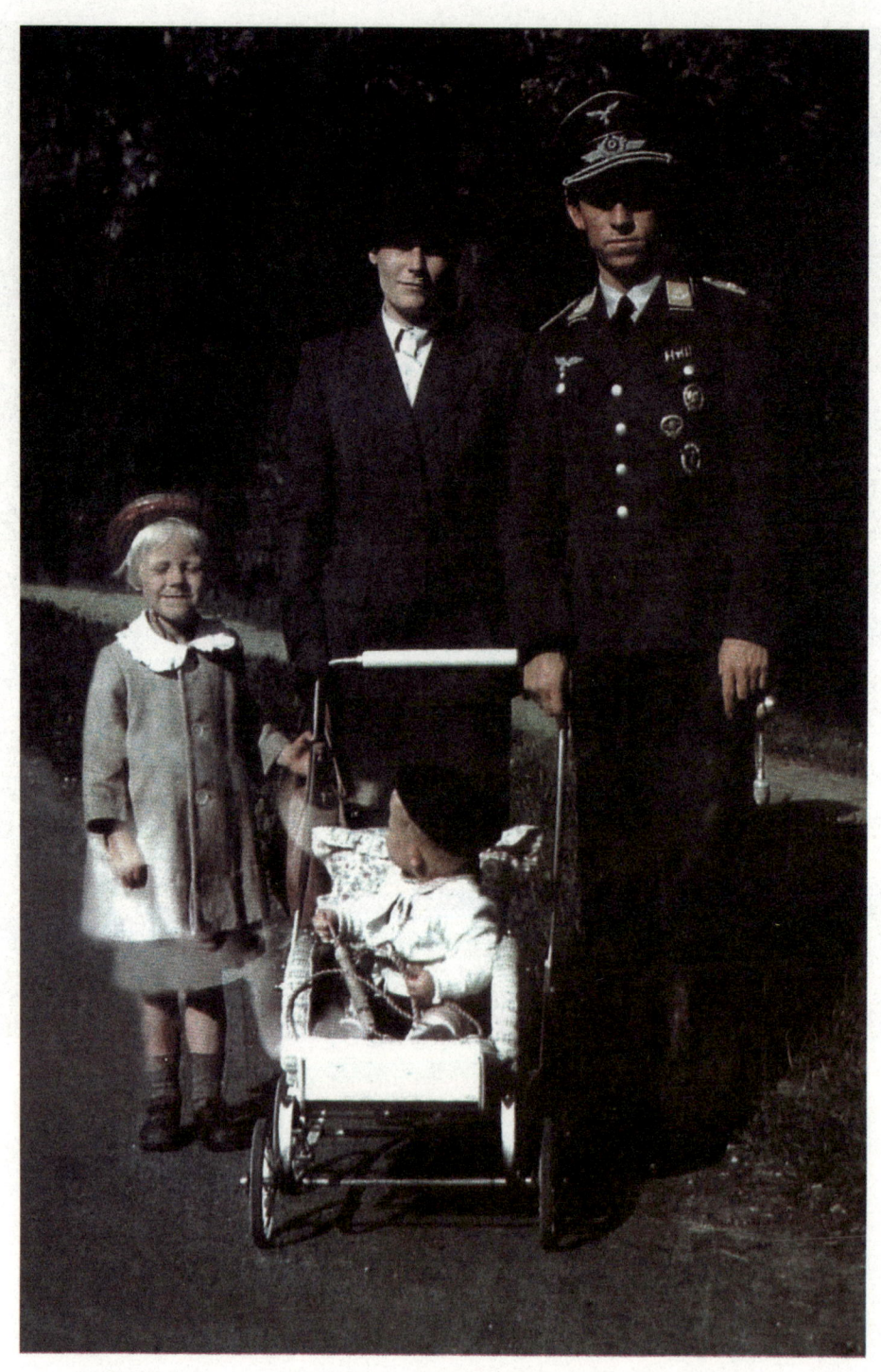

战时德国家庭。父亲穿着军装，是纳粹德国空军的一员，在家休假

第四章 \ 战争后方 罪恶昭彰 \ 205

小男孩的圣诞节礼物常常反映了他们对战争的喜爱。木制枪、制服和头盔总是很受欢迎的。这顶帽子是隆美尔的非洲军团在沙漠中戴的遮阳帽的仿制品。

戴着一顶大小合适的钢盔，穿着配有纳粹胸章鹰的"制服"，小男孩高兴地玩着圣诞礼物——玩具士兵，他的母亲在一旁笑眯眯地看着他。

第四章 \ 战争后方 罪恶昭彰 \ 207

1942年5月21日，在西奥地利的蒂罗尔区首府因斯布鲁克举行的一次纳粹集会上，几百幅纳粹党卐字旗展现的景象。

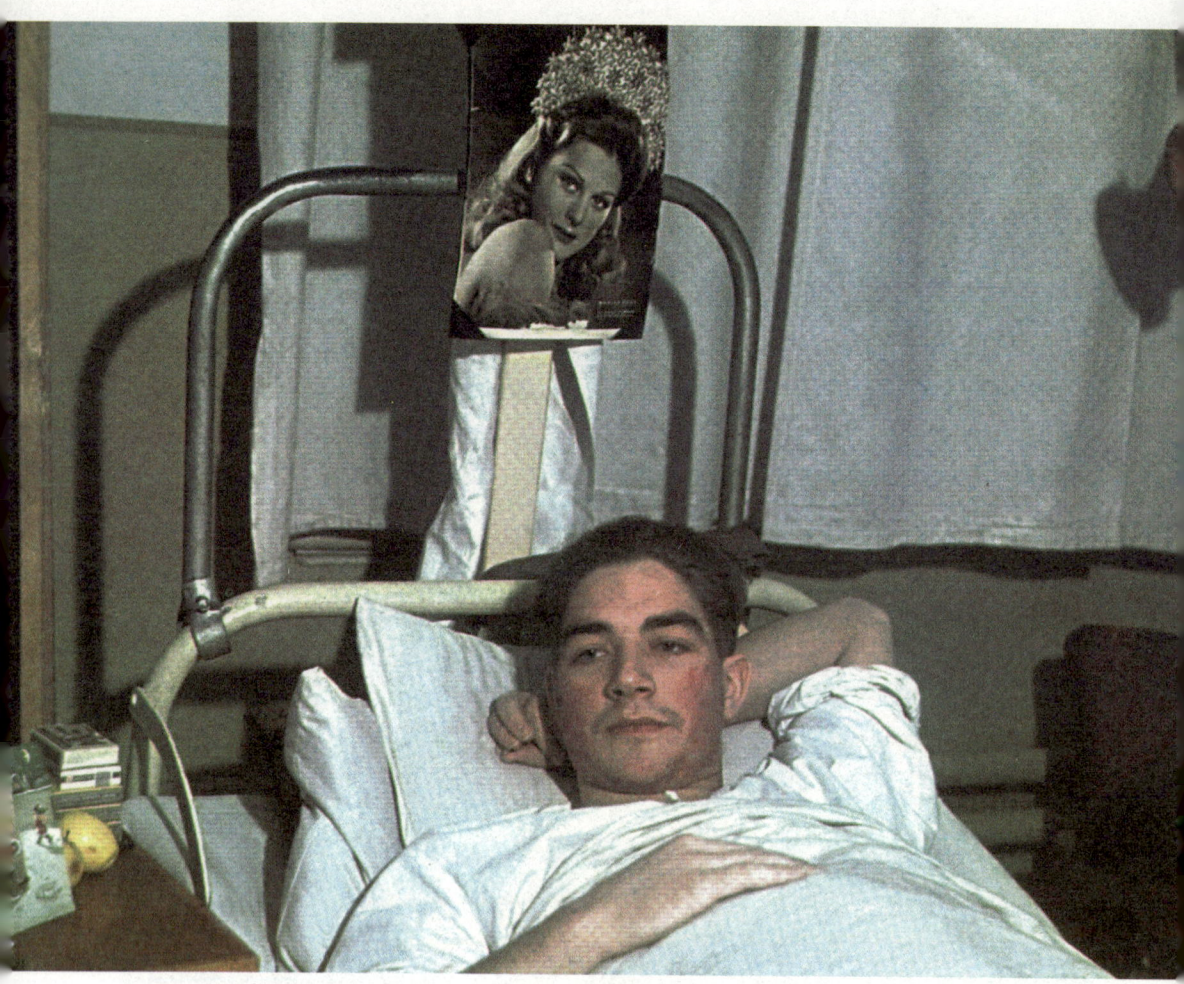

受伤的军人，可以在医院病床的床头上挂美女照片

第四章 \ 战争后方 罪恶昭彰 \ 209

截肢者在一所康复中心做操，以适应他们的假肢

为上巴伐利亚的纳粹党党区负责人阿道夫·瓦格纳举行的隆重葬礼。他死于1944年4月。战争一爆发他被任命为第7和第13军事区（巴伐利亚南部和北部）的帝国防卫专员。

第四章 \ 战争后方 罪恶昭彰 \ 211

在法国某地等待命令的德国士兵不失时机地打起了欢乐的雪仗

这两个身着空军蓝灰色制服的德国空军妇女协会成员正欣赏留声机里的歌曲

希特勒（左1）和他喜爱的阿尔萨斯牧羊犬在伯格霍夫附近散步。在最后的日子里他躲藏在柏林的地下掩体里。这世界上能给他安慰的只有仍忠于他的爱娃·布劳恩和这只牧羊犬。

希特勒的高山别墅位于巴伐利亚东南部贝希特斯加登小镇，这里离萨尔茨堡大约20千米。它是石头建造的13层楼，但只有顶部的3层在地面以上。

第四章 \ 战争后方 罪恶昭彰 \ 215

希特勒的私人飞机是一架全金属的福克·乌尔夫 Fw-200 秃鹰巡逻侦察机，续航里程 3560 千米，航速每小时 335 千米。它是为汉莎公司制造的三架原型飞机的第三架。

客人到达伯格霍夫。在这里,周围山脉的壮丽景色尽收眼底。这座建筑由希特勒自己设计,奴隶劳工建造。

希特勒在喝茶。根据一位传记作家所说,他喜欢屋子里有鲜花、奶油蛋糕和糖果,狗与聪明女人。他还喜欢电影,经常招待朋友们看最新发行的影片。

希特勒（图片上方沙发座上左二）在一天要结束时精力最旺盛，他讨厌上床睡觉，因为他难以入睡。他不抽烟，不喝酒。在向客人谈他的人生哲理时，他嚼薄荷糖或啜饮草药冲剂。许多书把他这些"餐桌闲谈"作为话题。

第四章 \ 战争后方 罪恶昭彰 \ 219

崇拜的人群欢迎元首访问慕尼黑。他乘坐的是一辆六车轮的梅塞德斯—奔驰G4。1933年到1934年，共制造了57辆这样的汽车。这些车只当作希特勒、戈林和其他纳粹首脑的敞篷阅兵车。

柏林动物园附近的高射炮

战争初期的斯图加特一景。可以看到这座德国西南部主要城市的繁荣景象和尚未挨炸的街道。

斯图加特在 1940 年至 1945 间受到了 53 次严重空袭，大部分空袭由英国皇家空军实施。这座城市的公寓和房屋的 67.8% 被破坏，4562 人丧生。

战争初期，斯图加特的中心火车站完好无损。标语上写着："胜利的车轮滚滚向前"。

有轨电车仍然在德累斯顿运行,但是1945年2月13～15日,美国空军第8大队和英国皇家空军几乎将这座城市夷为平地。剧烈的爆炸和引起的大火使约7万人丧生。

1943年3月9～10日，264架英国皇家空军飞机轰炸了慕尼黑，炸毁了291座建筑，2600多座建筑受到不同程度的破坏，包括许多公共建筑如天主教堂。

卡塞尔的平民竭力从房屋废墟中抢救财产。盟军轰炸机指挥部记录了发生在1943年10月的几次主要空袭。在这些空袭中，大约有63%的城市房屋不能使用，约12万人不得不离开他们的家园。

这是卡塞尔被炸毁的旧城，拥挤的人群中停了一辆救护车。最后的大规模盟军空袭发生在1945年3月8～9日。这也是自1943年10月以来第一次大规模空袭，这次空袭给德国以沉重打击。

战争缓慢但又必然地影响到了德国平民，没有什么比盟军的空袭更能让人们意识到战争的残酷。空袭在摧毁德国城市的过程中，不仅破坏了工业设施，而且破坏了日常生活设施。

第二节　种族灭绝

两个"医生"给一个吉卜赛女人"验血"。凶残的党卫军庸医打着"人种研究"的幌子，在这些无助的人们身上进行了医学试验。

在警察的陪同下，纳粹"医生"正在询问一位吉卜赛老年妇女。他们在达切和布痕瓦尔德进行了让吉卜赛人只喝盐水能活多久的试验。

第四章 \ 战争后方 罪恶昭彰 \ 231

纳粹在斯图加特附近的阿思堡，把要除掉的人赶到一起。不管他们是犹太人、吉卜赛人还是不想要的人，对男人、女人和儿童全都采用"最后解决办法"——屠杀！

第三节　急需劳动力

位于东德哈尔茨山脉的朵拉－米特堡劳动集中营的劳工在 V2 火箭上做工

平民帮忙修筑在东普鲁士的"东方壁垒"。想到日益逼近的苏联红军，这些老人肯定会想方设法挖得更快。

在很多城市和乡镇，当地居民帮助处理空袭后的瓦砾。这些年轻人看起来很像希特勒党卫军成员。

在卡塞尔，志愿消防队员在消防车前摆好姿势照相。他们进行了一夜的灭火工作。卡塞尔也像其他城市一样遭到轰炸。1943年10月22日的夜间空袭中，估计大约有1万平民丧命。

战争后期，德国严重缺乏男劳动力，很多体力活必须妇女干。这些妇女在搬运废墟垃圾，赚钱养家糊口。

第五章

行将就木　帝国坍塌

1944年春天，第二战场的开辟——盟军对欧洲西北部的进攻——主要不是时间问题，而是地点问题。三百多万正在英国备战的盟军士兵都很清楚这一点，大西洋壁垒后的防御者也很清楚。德国的防御非常严密，盟军要直接攻占一个港口基本上是不可能的。希特勒防守的原则是控制港口，不让盟军有落脚点。1940年德军占领后就在这里担任守卫的部队由伦德施泰特元帅和隆美尔元帅指挥。隆美尔指挥着B军团，他的军队对海岸防御负有直接的责任。德国人知道登陆很快就要发生了，他们能够看到盟军的训练；在英格兰南部海岸，德军甚至使用轻便的鱼雷快艇袭击盟军船只使其蒙受了损失。但是，锤子会在什么地点落下来？哪一天落下来？

这是关键问题。希特勒认为加莱是很明显的选择，这条路最近。盟军制造假象以掩盖真正的军事动机，让德国人确信登陆地点就是加莱。隆美尔想在沙滩上进行战斗，经验告诉他这是最好的办法。因此他需要让装甲部队储备力量尽量地靠近海岸线。但这和西线装甲集团军群司令盖尔·冯·施韦彭堡上将的观点完全不一致。

实际上盟军的登陆时间是1944年6月6日，地点是诺曼底沿岸五个精心选择的海滩。在第一轮登陆行动之前，盟军进行了约四个半小时的空袭。大约2500架轰炸机和7000架战斗轰炸机进行了大规模密集空袭，清除了德军的滩头堡，而且还对纵深地段进行了轰炸，从而使还在猜测的德国人确信诺曼底发生的不过是一次佯攻，真正的袭击将发生在他们预测的加莱。

在盟军登陆前几天，隆美尔曾经企图让希特勒参观西部战线，使其了解 B 军团是多么缺少人力和物资。他也希望希特勒支持他控制所有重要装甲军团。得知希特勒不会来时，他决定亲自去见希特勒，并且安排 6 月 6 日进行一次私人会谈。他们一致认为 6 月 5 日到 8 日不会是登陆的时间，因为在这几天的潮汐不适合大规模登陆，况且所有的空军侦查报告都没发现明显的进攻前的迹象。这是第二次（第一次是在北非的阿拉曼沙漠）隆美尔在关键时刻没在岗位上。他听到盟军登陆的消息后，立刻返回他在巴黎西北的塞纳河畔的司令部。

盟军的隐瞒计划进行得非常顺利，德军不确定诺曼底登陆是主要的登陆行动还是主攻前的佯攻。然而，随着战斗情况报告的增加，诺曼底是大规模登陆的地点已经无可质疑了，因而精锐的德军装甲师投入反攻，只是已为时太晚，盟军已经在欧洲要塞建立了他们的立足点，而且占绝对优势的盟军空军白天阻止了德军预备队的行动。例如，从法国南部开往诺曼底的第二党卫军装甲军团，由于受到了抵抗力量和盟军空军的阻挡，直到 6 月 26 日才加入战斗，而那时盟军已经长驱直入了。

尽管大西洋壁垒的诺曼底守军拼死抵抗，但是压倒性的盟军海军火力和不间断的空袭，使他们不可避免地崩溃了。盟军滩头阵地成功地扩大了，而且西部的德军滩头阵地也被美国装甲部队打开了一个突破口。同时，在东部冈城附近的装甲部队受到英国和加拿大军队的压制，并被消灭在"法莱斯口袋"。巴顿将军的第三军团以 1940 年德国闪电战般的速度横扫法国北部，尽管魏特曼和他的虎式坦克证实德国人在个别武器上具有优越性。在 6 月 13～14 日和经验丰富的英国第 7 装甲师作战时，魏特曼击毁了盟军的 25 辆坦克和其他车辆（他在东部战线曾经击毁了 119 辆苏联车辆），但是这对已经一边倒的大局无济于事，只有油料的短缺才能阻止巴顿将军龙卷风式的进攻。17 日，隆美尔因乘坐的汽车遭到战斗轰炸机扫射而受重伤。他已经不能再进行指挥，但也无法安静地养伤。

7 月 20 日，正值在法国的战斗白热化时，在东普鲁士拉斯藤堡希特勒司令部，发生了一件不可思议的事。在这里发生了一桩刺杀元首的事件。在高级官员会议上，一枚炸弹爆炸了。暗杀行动失败了，以上校施陶芬贝格为首的策划者们遭到逮捕、审讯并被处决。许多其他人受到了牵连，不论是清白的还是无辜的，一旦稍受到元首的怀疑，就性命难保。其中一个就是隆美尔，他的名字被原先支持暗杀行动的卡尔·海因里希·冯·施图尔纳格尔供了出来。希特勒给了他两个选择：要么自杀，要么上军事法庭并且株连家人。于是10月13日隆美尔服毒身亡，五天后德国为他举行了极为隆重的国葬。

与此同时，盟军在西部的战役进展迅速。随着盟军8月15日在法国南部登陆，巴黎在8月24日、布鲁塞尔在9月4日被解放了。受到重创的德国军队伤亡率不断上升，最后被推回到齐格菲防线——西部防御墙。该防线类似于马其诺防线。这条防线大约500千米，足可以阻止蒙哥马利大胆的计划：通过空投三个师夺取瓦尔河、下莱茵河上的桥梁。这个计划开始很成功，但攻占阿纳姆的最后一座桥梁时由于遭遇到德国人的猛烈抵抗而失败。

随着冬天的到来，希特勒孤注一掷地在阿登地区突然发动了反攻，这就是所谓的"凸出地带战役"，其目的是为了切断盟军，阻止他们向莱茵河进攻，夺取关键的安特卫普港，甚至迫使英国和美国与德国进行单方面和平谈判。天气不好，限制了空军的行动，所以德军非常秘密地选择了安静的、防卫薄弱的美国防线。装甲部队在前面开路，一开始，他们取得了巨大的成功。美军醒悟过来，马上遏制住了德军的进攻，守住了像巴斯托尼这样的地方。希特勒这次的赌局输定了。德军遭受了永远无法挽回的损失，四周的进攻告停。这是德军西线抵抗开始停止的一个标志。到第二年3月中旬，德军退回到齐格菲防线，盟军推进了从荷兰到瑞士前线的莱茵河沿线。美国和英国的军队成功地越过了莱茵河天堑，继续向东挺进。

■ 东线

盟军向法国北部发动进攻两周半以后，苏军一百多个师在整个东部战线上展开了大规模的进攻。到6月末，他们迫使德国人退回到里加至罗马尼亚一线。希特勒签署了一道不准后退的愚蠢命令，致使驻守塞瓦斯托波尔的德军最终受到包围，全军覆没。德军损失了35万多人。7月末，苏联红军挺进白俄罗斯、波兰，拿下了布列斯特、立托夫斯克和卢布林。波兰地下组织原来认为会得到苏联的援助，所以举行了反对德国人的起义，但是遭到失败和屠杀。他们的首都遭受了严重的破坏。

在欧洲的另一条战线——意大利——德国人被继续赶向北部。德国人竭力保卫他们最后的防线，一条从卢卡北部到佩萨罗南部的防线。对德军来说，巴尔干的战况一样糟糕。1945年1月苏联红军从维斯瓦河一线发动了更大规模的进攻，席卷了波兰其他地区并进入德国。3月，苏联红军到了奥得河，离柏林只有56千米。而与此同时，受到重创的德国人正在整合他们有限的人力和物资，准备最后一战。柏林主要由老年男子和孩子组成的人民冲锋队防守。4月23日，希特勒在首都的废墟中接过了柏林的防卫指挥权，两天后美军和苏军在柏林城南易北河畔的托尔高会师，柏林被包围了。七天后，希特勒和他的未婚妻爱娃举行了婚礼，随之在地下掩体中自杀。他在最后的几个月里，决定如果德国战败将实施"焦土"政策。这个政策如果被执行的话，战后的德国人将会处于更加绝望的境地。阿尔伯特·施佩尔和很多人竭力抵制了这个政策，这给德国人留下了一些可以修复的工业基础。

在4月30日希特勒自杀的那一天，苏联红军到达了国会大厦。第二天，红旗在柏林升起。1945年5月7日，阿尔弗雷德·约德尔将军代表邓尼茨政府签署了德国无条件投降协议，战争终于结束了。德国被分为四个占领区——美国占领区、英国占领区、法国占领区和苏联占领区。同时，柏林被分成四个区域，并且由四国组成的委员会管理。

■ 结局

随着和平的到来，胜利者一致认为德国必须为其在欧洲所造成的灾难付出代价，但应该是让整个德国，还是只让罪大恶极的纳粹分子付出代价？是只毁掉德国的战争机器，还是整个工业基础呢？这场争论持续了很久。例如，德国人要不要支付像《凡尔赛和约》那样的赔偿？毫无疑问《凡尔赛和约》规定的赔偿是这场战争的起因之一。盟国之间分歧很大。

1945年10月，为审判臭名昭著的纳粹分子的法庭在纽伦堡设立。三个最凶残的纳粹分子——希特勒、戈培尔以及希姆莱——已经死掉了，鲍曼也消失了。其他人如年老的军火大王——古斯塔夫·克虏伯——被认为病情严重而不适于接受审判。由来自苏联、法国、美国和英国的法官和检察官组成的国际军事法庭审判了其余的21个德国主要战犯（本来是22个，但是罗伯特·雷伊——德国劳工阵线的头目——于开庭的那一天在牢房自缢身亡）。9月下旬宣布了审判结果：11名战犯被处以绞刑，其余的被处以无期徒刑或者有期徒刑。而应被处以绞刑的赫尔曼·戈林在宣判那天瞒过了执行人员，服毒自杀。

"第三帝国"覆灭了，但欧洲已经变成了废墟。另外，盟军还需要花几个月才能使日本投降，最终实现和平。这场世界大战使至少6800万人死亡。一位历史学家这样写道："第一次世界大战产生了民主和希望，第二次世界大战产生了警察国家、绝望、冷战和原子弹恐惧。"

第一节　开辟第二战场

在法国某地，一个盟军士兵在检查一辆被摧毁的德军豹式坦克歼击车。这种坦克歼击车造了不到 400 辆，只有大约 4 辆在盟军登陆诺曼底时投入使用。

一辆被击毁的豹式坦克歼击车

"对你们来说,战争已经结束了。"1944年6月或7月,德国战俘聚集在诺曼底海滩等待被运往英国的战俘营。他们身后是美国两栖登陆艇。

美国的战斗机飞行员在出击前接受教官的指导

美军在检查V2火箭部件。脉冲式喷气发动机使这种火箭的最高速度达800千米/小时，射程达240千米。

约翰·贝帕尔是党卫军上校指挥官。在"凸出地带战役"中,他的部队在比利时的马勒梅第杀害了将近100名美军战俘。

1944年末，一支美国巡逻队在阿登巡逻。恶劣的天气使盟军的飞机不能飞行，这对德国人的进攻帮助很大。但是，泥泞的雪地阻止了他们自己重装甲部队的前进。

美国第9装甲师获得了首先夺取莱茵河渡口（德军还没有来得及炸掉）的荣誉。1945年3月7日，卡尔·特曼中尉和他的连队冲到雷马根的鲁登道夫铁路桥上，击溃了守军，取下德军刚安放的炸药。

党卫军约瑟夫·（塞普）·狄特里希上将，钻石双剑橡叶骑士铁十字勋章的获得者。1923年在纳粹党初期，参加了"啤酒馆暴动"。他曾经是希特勒的卫士，身强力壮，很有影响。

随着德军的全线撤退和苏联红军的挺进，东普鲁士陷入战火。

这个双人机枪小组在雪覆盖的散兵坑里擦拭他们的 MG-34 机枪，为 1945 年初的哥尼斯堡（加里宁格勒）保卫战做准备。

德国难民把财物放在双马拉的雪橇上。他们从苏联红军攻占的地方逃出来,拥入东普鲁士。

1945年的1月和2月，苏联红军进入东普鲁士，并且包围了在哥尼斯堡（加里宁格勒）的德国军团总部。这两个带着满载物品雪橇的妇女开始了她们向西逃命的旅程。

苏联红军夺取柏林市中心。这是总理府通往希特勒办公室豪华走廊的残骸。

柏林帝国总理府内弹痕累累，这块匾牌很好地见证了当时德国首都的惨败状况。

美军士兵在慕尼黑拍摄一座纪念"希特勒啤酒馆暴动"的建筑物。1923年11月8日，巴伐利亚邦长官卡尔在贝格勃劳凯勒啤酒店举行会议期间，希特勒举行暴动，企图夺取政权，但暴动失败。

1945年4月25日，美苏两军在位于莱比锡东北的易北河畔的托尔高会师。

1945年初，希特勒和希姆莱在伯格霍夫附近的雪地上散步。

第五章 \ 行将就木 帝国坍塌 \ 259

对希姆莱来说，巴伐利亚山不是最后的要塞。1945 年 4 月，他向盟军提出愿意投降并释放犹太人。在柏林地下掩体中的希特勒听到这个消息之后，下令逮捕他。

1945年3月11日，希特勒在柏林附近的白萨罗会见了第9军的将领。他在与第9军的司令布塞将军谈话。在他身后站着的是里特·冯·格莱姆将军——德国纳粹空军最后一任司令。

1945年春天，即使临近失败，希特勒依然抽出很多时候观看"日耳曼尼亚计划"的模型。他一定要让林嗣超过维也纳，成为"奥地利的明珠"。

1945年5月7日，作为希特勒指定的继承者邓尼茨元帅领导的短命政府的代表，阿尔弗雷德·约德尔大将（左2）在兰斯签署了投降书。他的左手边是汉斯·冯·弗雷德堡上将（右1）。

第二节　最后解决办法

布痕瓦尔德集中营的被关押者隔着铁丝网看着他们的救星。由于饥饿、挨打、折磨和疾病，这里每月的死亡人数达6000人。

美国士兵观看爱尔福特附近的布痕瓦尔德审讯室时,表情凝重。解放后不久,美军广播员在这个集中营现场做了一个感人肺腑的著名评论。

布痕瓦尔德集中营中一个装满尸体的卡车。这是从这个集中营"逃"出来的唯一办法。

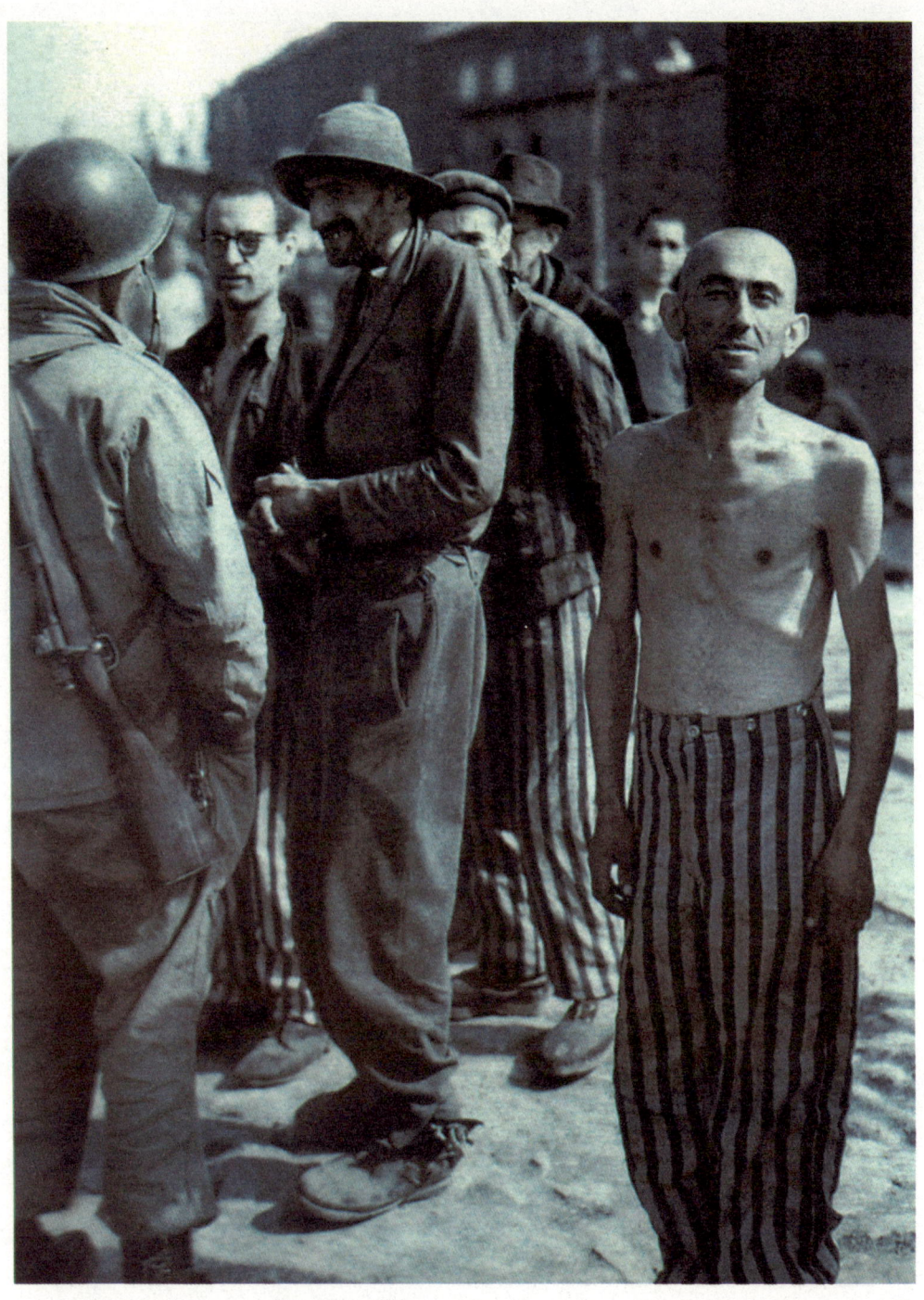

1945年4月10日，布痕瓦尔德解放，美国第80步兵师的士兵和刚解放出来的关押人员谈话。

第五章 \ 行将就木 帝国坍塌 \ 265

德国战俘即将从不列颠返回德国。有一些将从北美的战俘营遣返。

很明显，盟军不得不为德军中的女战俘提供生活设施，但是这个短期女战俘收容中心看起来更像一个度假村。

"在这里我们帮忙处理干草。"德国战俘被安排到英国各地的农场工作。一些人非常喜欢这一工作，战争结束后，他们返回到他们工作过的地方并定居下来。

纳粹党在慕尼黑的总部被摧毁

战后柏林

这是纽伦堡被盟军轰炸后的情景。很多德国城市都遭到同样的破坏。希特勒和他的追随者们以德国民众的名义所做的一切使民众遭受了巨大痛苦。

一个德国妇女提着包孤独地穿过已经成为废墟的城市

第三节 纽伦堡审判

在纽伦堡法庭的前排,戈林在集中精力听着,他旁边的赫斯记着笔记,里宾特洛甫和凯特尔也在记笔记。他们身后是邓尼茨、雷德尔、希拉赫、绍克尔和约德尔。

1946年9月，审判中法庭一角

卡尔·勃兰特是继西奥多·莫勒尔之后希特勒的私人医生。这是1948年6月2日他在兰德斯堡监狱临刑前的照片。他和其他22个党卫队医生和科学家在纽伦堡受审，其中7个人被绞死。

行刑后,纳粹分子在兰德斯堡监狱的坟墓。美军的伯顿·D·安德罗斯上校和约翰·C·伍德斯上校分别负责看管这些纳粹战犯,对其执行绞刑。

1945年7月17日和8月2日,盟国的三巨头在波茨坦会议上。他们分别是(从左至右)英国首相艾德礼(他接替丘吉尔)、美国总统杜鲁门(罗斯福总统当年4月去世)和苏联的约瑟夫·斯大林。

柏林的一个苏联警察检查站。柏林在1945年被分为四部分，东部和西部之间建立了检查站。图片上，警察在检查人们的身份证。

盟军卡车穿过被破坏的柏林街道

德国人喜欢一切事情都有条有理。尽管遭受战争的破坏，街道被清理后，马上恢复了公共交通。

苏联军事当局努力使柏林与西方脱离联系,所以英国和美国从1948年6月29日到1949年5月19日,使用了空运航线,飞机24小时运行。

家庭主妇成了工人，因为工作意味着食品。重要物资主要来自美国资助并通过"联合国援助委员会"发放。

附　录

德国伤亡人数和相关的统计数字

■ 军人

德国在1938年人口是7800万，其中不到1800万在军队中服役，伤亡的总数字是7856600（3250000死亡，4606600受伤）。（至1945年1月31日）在三军的人员统计数字如下：

	服役人数	死亡人数/失踪人数	受伤	被俘/失踪
陆军	13000000	1622600	4188000	1643300
空军	3400000	294900	216600	未知
海军	1500000	149200	25300	未知

■ 平民

盟军空袭造成的伤亡不到60万人，其中包括5.6万名外国工人和4万名奥地利人。同时大约有1万人在西线死亡。在东线，大约有200万人死于战火、报复行动和空袭等。

德国人自己造成的平民死亡高达235万人，伤亡者主要是犹太人，也有吉卜赛人、智障和不被纳粹接受的人。

欧洲战场图片集锦

苏军女狙击手在演练

德国党卫军重型鼠式坦克

希特勒与前线将领在交谈

在东线战斗的美军

在战斗间隙中休息的美军

希特勒在纽伦堡纳粹党代表大会

希特勒与他的爱犬在伯格霍夫别墅

20世纪战争狂人阿道夫·希特勒

泥泞道路中的德国摩托化部队

前线的MG-42机枪和德军机枪手

德军 MG-34 机枪小组在前线观察敌情

阿登战役中的德国党卫军

战斗过后的德军步兵

苏德战场上的德国国防军

一队德军士兵在东线战场

德军爆破手

诺曼底登陆后，盟军士兵进入一个法国小镇

身陷苏联冰天雪地中的德军士兵

西线盟军士兵受阅

希特勒在一次纳粹党集会上

1934年，希特勒与冲锋队头目恩斯特·罗姆交谈

纳粹党徒在集会上行举手礼

希特勒步入集会会场

希特勒造访德国小镇洛伊纳

希特勒在纽伦堡纳粹党总部演讲

1938年9月6日，纳粹党代表大会召开期间，希特勒在纽伦堡的阿道夫·希特勒广场向欢呼的人群回纳粹军礼。

纳粹宣传画

围困列宁格勒的德军部队

德军反坦克炮小组

美军 M4 坦克

柏林勃兰登堡门，希特勒在演讲

德国山地部队士兵在演示发射迫击炮弹

德军远程大炮

希特勒（左）与墨索里尼（右）

20世纪30年代,希特勒在检阅冲锋队队员

东线的一个德军喷火小组

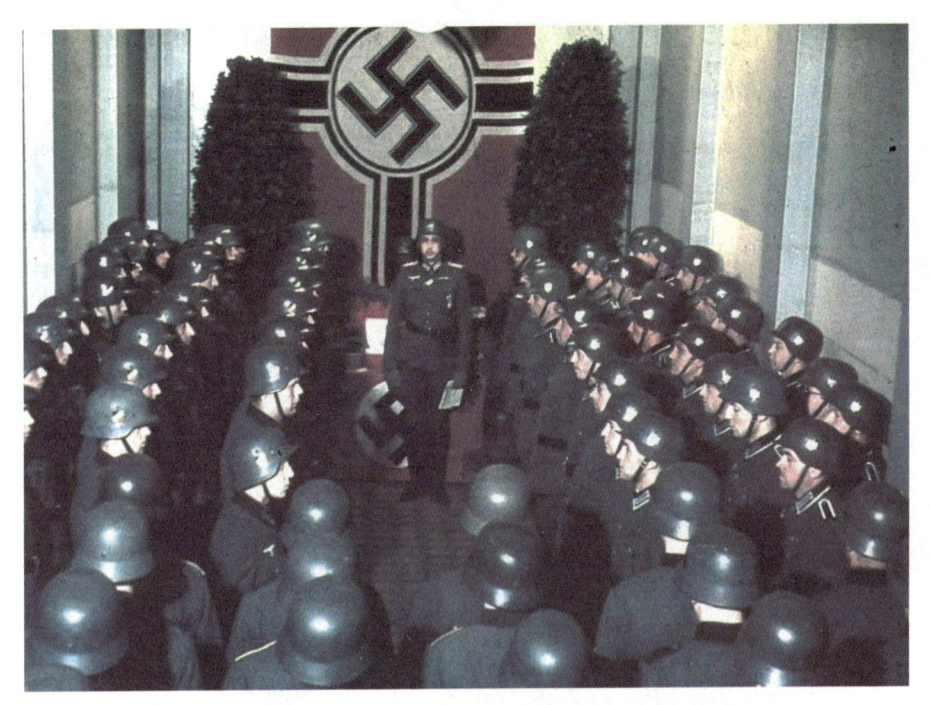

新加入的党卫队队员在午夜宣誓后接受长官训话

波兰境内的一个德军调度车站

314　崛起与毁灭——第三帝国兴亡画册

希特勒在检阅游行队伍

希特勒在检阅波兰战役后的德军部队

东线一个德军 MG-42 机枪班

1939 年 5 月 1 日，希特勒在柏林的奥林匹克运动场 10 万人大会上讲话

第三国帝国大事年表

■ 1933 年

1月30日	第三帝国诞生,希特勒被任命为总理。
2月27日	纳粹分子纵火烧毁国会大厦。
2月28日	宪法中的个人自由条款被取消,增加了将持不同政见者关入集中营的条款。先在达豪、布痕瓦尔德和萨克森豪森建了三个集中营。
3月23日	国会通过《授予全权法》,希特勒成为独裁者。
4月1日	官方下令全国抵制犹太人商店。

■ 1934 年

6月30日	"长刀之夜"——希特勒清洗冲锋队,杀掉200多人,包括冲锋队的头目恩斯特·罗姆。
8月2日	总统保罗·冯·兴登堡去世。德国取消了总统职位。希特勒成为第三帝国元首和总理。
9月3日至10日	纽伦堡举行大会,会上放映莱妮·里芬斯塔尔主演的电影《意志的胜利》。

■ 1935 年

1月13日	公民投票要求萨尔州归还德国。
3月16日	希特勒宣布废止《凡尔赛和约》，下令德国实施普遍义务兵役制。
6月26日至10月	要求所有德国公民到德国劳工阵线服务。
9月	纳粹党旗成为国旗。
9月15日	在纽伦堡大会上，希特勒提出了纽伦堡法律，使迫害德国犹太人合法化。

■ 1936 年

3月7日	德国军队再次进入莱茵兰。
7月17日	西班牙内战开始。
10月25日	德意两国签订《罗马－柏林协议》
11月7日	德国志愿军秃鹰军团赴西班牙参战支持佛朗哥。
11月25日	德日签订《反共产国际协定》。

■ 1937

4月26日	秃鹰军团进攻格尔尼卡。
11月5日	希特勒披露了"为德国提供生存空间"的军事计划。
11月6日	意大利和德国、日本签订了《反共产国际协定》。

■ 1938 年

3月11日	德军入侵奥地利。
3月13日	奥地利并入德国。捷克斯洛伐克的康拉德·汉莱因在苏台德地区（该地区第一次世界大战后由说德语的人居住）不断鼓动该地区并入德国。
9月5日至12日	最后一次纽伦堡大会，与会者100万人。

9月15日至27日	英国首相张伯伦飞赴德国与希特勒就苏台德问题进行会谈。
9月29日	慕尼黑会议把苏台德地区划归德国，担保剩余的捷克边境不受武力侵犯。
10月1日至10日	德国军队占领苏台德。
11月9日	"水晶之夜"——纳粹分子破坏犹太人商店，砸碎商店玻璃。

■ 1939年

3月15日	希特勒撕毁《慕尼黑协定》，进攻捷克斯洛伐克，占领布拉格。
3月28日	西班牙内战结束。
3月31日	英法暗地里保证，如果德国入侵波兰，两国将全力支持波兰。
5月22日	希特勒和墨索里尼签订《钢铁盟约》，双方结盟10年。
8月23日	德国和苏联签订互不侵犯条约。
9月1日	德国入侵波兰。
9月3日	英法对德宣战。
9月17日	苏联入侵波兰。
9月28日	华沙守军司令向德第8集团军司令布拉斯科维兹上将正式签署了投降书。
11月30日	苏联入侵芬兰。

■ 1940年

4月9日	德国入侵挪威和丹麦。
5月7日	张伯伦辞职，丘吉尔接任英国首相。
5月10日	德国入侵荷兰、卢森堡和比利时。

5月14日　　　　　德国攻破法国防线。

5月28日　　　　　比利时投降。

6月10日　　　　　意大利对英法宣战。

6月14日　　　　　德国攻占巴黎。

6月22日　　　　　法国签订停战协议，随后被分割为占领区和非占领区。

8月至9月　　　　英国皇家空军在不列颠战役中击败德国。

9月27日　　　　　日本加入轴心国（其他两国是德国和意大利）。

10月18日　　　　法国引入反犹太法。

10月28日　　　　意大利入侵希腊。

11月26日　　　　在华沙开始建立犹太人隔离区。

12月9日　　　　　英国开始在北非向意大利军队发动进攻。

■ 1941年

2月5日至7日　　　英国第13集团军在西非沙漠的贝达富姆打败意大利第10军。

2月至3月　　　　德国非洲军团登陆北非支援意大利。

4月6日　　　　　德国入侵南斯拉夫和希腊。

6月22日　　　　　德国入侵苏联。

9月3日　　　　　德军攻到列宁格勒郊区。

10月25日　　　　苏军打退德军对莫斯科的进攻。

12月7日　　　　　日本袭击珍珠港，同时进攻了马来西亚。

12月8日　　　　　美英两国对日宣战。

12月11日　　　　德国和意大利对美国宣战，美国也向德意宣战。

■ 1942年

1月20日　　　　　德国召开"万湖会议"，采纳"最后解决办法"——灭绝犹太人。党卫军上将莱因哈德·海德里希负责执行"最后解决办法"。

2月1日	维德孔·吉斯林第二次就任挪威首相。
1月31日	新加坡被日本攻占。
5月29日	海德里希在布拉格遭到刺杀后于6月4日身亡,作为报复,纳粹将利迪村夷为平地。
5月30日至31日	科隆是德国第一座遭到1000架轰炸机袭击的城市。
9月13日	德军对斯大林格勒发起大规模进攻。
10月23日	英军在埃及发起阿拉曼战役。轴心国军队从北非撤到突尼斯。
11月8日	实施"火炬"行动——盟军登陆北非。
11月19日	苏军发动冬季进攻,在斯大林格勒包围了德国军队。

■ 1943年

1月31日	冯·保卢斯在斯大林格勒率德军投降。
2月至5月	盟军对德国主要城市,特别是柏林、鲁尔进行了重点轰炸。
4月19日	华沙犹太人居住区发生暴动,德国党卫队对华沙犹太人进行大屠杀。
5月12日	在北非的德意军队投降。
7月10日	"爱斯基摩人"战役——盟军对西西里岛发动进攻。
7月25日	墨索里尼倒台,被捕。
7月5日至12日	德国人在库尔斯克使用大量坦克与苏军大战。
9月3日至9日	盟军在意大利登陆。
10月13日	意大利新政府改变立场,对德宣战。

■ 1944年

6月4日	盟军进入罗马。

6月6日	"霸王"计划——盟军实施诺曼底登陆计划。
7月20日	冯·施陶芬贝格用炸弹谋杀希特勒的计划失败。希特勒进行了疯狂报复。
8月1日	华沙起义,遭到德军残酷镇压。
8月15日	盟军在法国南部登陆。
8月26日	巴黎解放。
9月29日	苏联红军进入南斯拉夫。
10月	苏联红军进入匈牙利。
12月16日	德军实施阿登战役。

■ 1945年

2月13日至15日	盟军轰炸德累斯顿,炸死7万人。
2月15日	盟军到达莱茵河。
4月20日	苏联红军攻入柏林。
4月28日	墨索里尼落网,被意大利游击队绞死。
4月30日	希特勒和爱娃在柏林掩体内自杀。
5月2日	柏林投降。
5月7日	德国无条件投降。
6月5日	盟军把德国分国美国占领区、英国占领区、法国占领区和苏联占领区。
11月20日	纽伦堡审判开始。经216次开庭于1946年10月1日结束。

声 明

本书图片均来自二战时期及以前拍摄的图片，距今（截止2020年1月1日）至少75年以上，因此本书绝大多数图片已经进入公共版权领域。个别有版权图片的摄影师与肖像权拥有者也因早已离世或年代久远，难以取得联系。因本书出版匆忙，图片摄影师联系方式不详或其他原因未能及时与著作权或肖像权拥有者取得联系，著作权或肖像权拥有者发现本书选编了其拥有著作权或肖像权的图片时，请主动与以下邮箱联系，并提供相关证明材料，我们将及时与您联系。

邮箱：hrwx_book@163.com